KB071241

파워 씽킹

부와 성공을 이루는 상위 1%의 생각 혁명

파워 씽킹

김병완 지음

Ć
청림출판

한 그루의 나무가 모여 푸른 숲을 이루듯이
청림의 책들은 삶을 풍요롭게 합니다.

나는 과거 몇 년간 무직자였다.
말 그대로 가진 게 하나도 없었다.

그래서 생각했다.
내가 직접 스펙을 만들고,
재능을 만들어보기로.
세상에 없던 독서법을
깨우치고 알리기로.

시간이 흘러,
나는 지금 베스트셀러 작가가 되었다.
독서법과 책쓰기 코치로 활동하며
지금껏 수십만 명의 인생을 바꿨다.

당신도 할 수 있다.
변화를 만들어내기 위한
준비물은 단 하나,
'위대한 생각, 파워 씽킹.'

오늘의 생각이
내일의 부와 성공을 만든다.
바로 지금부터 시작해보자.

루저 씽커에서 벗어나 파워 씽커로 가는 길

　　　　　　　　　　　　돈이 없는가? 재능도 없는가? 기술도 없고, 학벌도 없고, 스펙도 없는가? 그리하여 미래도 없다고 생각하고 있다면, 아무것도 하기 싫고 모든 것을 내려놓은 채 하루하루를 자포자기한 마음으로 살아가고 있다면, 만약 당신이 그런 사람이라면 반드시 이 책을 읽어야 한다. 그리고 이 책에서 이야기하는 파워 씽커가 되어야 한다. 파워 씽커가 되는 순간, 새로운 미래, 새로운 인생, 새로운 부와 성공을 만들 수 있기 때문이다. 가진 게 없으면 만들면 된다. 돈도, 재능도, 기술도,

학벌도, 스펙도, 미래도 새로 만들 수 있다. 어떻게? 지금부터 바로 그 '어떻게'를 알려주겠다.

나는 과거 몇 년간 백수이자 무직자였던 적이 있다. 말 그대로 가진 게 하나도 없었다. 그래서 스펙을 키웠고, 재능을 만들었다. 나아가 세상에 없던 독서법을 깨우치고 알리기로 마음먹었다. 그래서 수업도 만들었다. 그리고 지금은 베스트셀러 작가이자 독서법 코치, 책쓰기 코치로 활동하고 있다. 당신도 할 수 있다. 지금부터 내 이야기를 잘 들어보자.

나는 30대에는 직장인이었고, 40대에는 백수 무직자였다. 하지만 50대가 되어서는 부와 성공을 이루었다. 나를 도와준 것은 독서와 책쓰기였다. 40대 백수 무직자가 10년 동안 100권 이상의 책을 출간한 베스트셀러 작가이자 800명 이상의 작가를 배출한 유일무이한 책쓰기 코치, 3개 법인 회사의 대표이사가 되었다. 새로운 인생을 만들어낸 비결은 바로 독서 혁명과 책쓰기 혁명이 융합된 결과인 생각 혁명, 즉 '파워 씽킹Pawer Thinking'에 있었다.

'남과 다른 강력하고 위대한 생각.' 이런 생각을 파워 씽킹이라고 부른다. 파워 씽킹을 할 수 있는 사람이 새로운 인생을 창조하는 것은 시간 문제이다. 다만 누구나 쉽게 파워 씽킹을 할 수 있는 것은 아니다.

나도 40대 중반부터 생각 혁명을 경험했고, 그때부터 나의 인생은 드라마틱하게 성장하고 도약했다. 내가 가진 생각의 모양에 따라 부와 성공이 좌우된다는 것을 알게 되었다. 평범한 내가 성장한 비결은 3년에 1만 권이라는 많은 양의 독서였다. 내가 만약 독서의 임계점을 돌파하지 못했다면, 책값만 날리는 무능력한 독서광으로 지금도 궁핍하게 살고 있었을 것이다. 나처럼 백수로, 무직자로, 어제까지는 별 볼 일 없던 이들이 독서를 통해 새로운 세상을 창조하고, 더 나은 인생을 살 수 있었던 것은 생각 혁명 덕분이다. 따라서 성공하고 싶다면 그 무엇보다 생각을 혁명할 수 있는 사람이 되어야 한다.

책을 아무리 많이 읽어도 책값만 날리고 아무것도 남지 않는 사람과 책값의 수백, 수천, 수만 배의 부를 창출하는 사람의 차이는 어떤 책을 읽었느냐에 달려 있지 않다. 그 책을 읽고 난 다음 무엇을 했느냐에 달려 있다. 생각이 나약하고 부정적이고 작다면, 아무리 좋은 책을 많이 읽어도 책값만 날리는 사람이 된다.

조선 후기 실학자 이덕무 선생은 독서하고, 글 쓰는 사람이 가장 경계해야 할 것으로 우몽愚蒙을 들었다. 우몽은 책을 아무리 읽고 배워도 여전히 어리석고 어둡다는 뜻이다. 나는 독서의 임계점을 돌파하는 순간 우몽에서 벗어날 수 있었다. 우몽에서 벗어났다는 것은 생각의 혁명, 즉 새롭고 강력하고 놀라운 생각인 파워 씽킹을 할 수 있게 되었다는 사실을 의미한다.

아무리 책을 읽어도 인생이 바뀌지 않는가? 우몽에서 벗어나지 못했기 때문이다. 인생을 바꾸고 싶다면 먼저 우몽에서 벗어나고, 생각 혁명을 통해 새로운 인생을 만들어가는 파워 씽킹 단계를 거쳐야 한다.

나 역시 우몽에서 벗어나는 데 엄청난 시간과 노력이 필요했다. 직장도 다니지 않고, 돈벌이도 하지 않고, 도서관에서 책만 읽어도 꼬박 3년, 1만 시간 이상의 기간이 걸렸다. 만약에 남들처럼 직장에 다녔다면, 아마도 10년, 20년 독서를 해도 우몽에서 벗어나지 못했을 것이다. 그랬다면 인생은 달라지지 않았을 것이다.

나는 이 책을 통해 많은 독자가 우몽에서 벗어나는 데 드는 시간과 노력을 절약해 더 빨리, 더 쉽게 새로운 인생을 창조하는 생각의 기술을 체득할 수 있도록 돕고자 한다.

레오나르도 다빈치, 에디슨, 이순신 등 우리가 잘 아는 성공의 아이콘들은 모두 독서를 통해 우몽에서 벗어나 생각 혁명을 할 수 있었다. 즉 그들은 파워 씽커였기 때문에, 새로운 세상, 새로운 기업, 새로운 제품, 새로운 서비스를 만들어낼 수 있었다. 이 책에서 자세히 살펴볼 것이다.

이순신 장군이 영웅으로 불리며 역사에 남은 이유는 전투를 잘해서라기보다는 탁월한 전략가였기 때문이다. 그는 남보다 열심히 전투에 참여한 것이 아니라 남과 다른 생각을 했다. 창조적인 전략으로 전쟁을 승리로 이끌었다. 《이충무공행록》을 보면 이런 그가 얼마나 위대한 생각 혁명가였는지를 잘 알 수 있는 대목이 나온다

"신에게 전선戰船이 아직도 13척이 있습니다. 죽을힘으로 막아 지키면 오히려 해낼 수 있습니다."

위대한 생각은 위대한 승리를 이끌어냈다. 그의 남다른 생각은 결국 놀라운 현실을 창조했다. 이순신 장군은 명량 해전에서 패잔병으로 구성된 조선 수군과 13척의 배로 133척의 왜군을 물리쳤고 세계 해전사에 기록될 대승을 이끌었다.

위대한 파워 씽커 중의 한 명, 스티브 잡스Steve Jobs. 영원한 혁신의 아이콘인 그는 어떻게 인류 역사상 최고의 혁신가가 되었을까? 재능, 열정, 기술도 있었지만 가장 큰 동력은 바로 '남과 다른 강력하고 큰 생각'에 있었다.

"세상을 바꿀 수 있다고 믿을 만큼 미친 사람들이 결국 세상

을 바꾸는 사람들이다."

이 말은 애플의 광고 문구였다. '남과 다르게 생각하라Think Different'라는 카피대로, 스티브 잡스는 남과 다르게 생각했고 결국 위대한 혁신가로 불렸다. 스티브 잡스 같은 사람을 나는 '파워 씽커'라고 부른다. 파워 씽커는 생각의 혁신을 통해 새로운 세상과 인생을 창조한 사람, 새로운 부와 성공을 창조한 사람을 말한다.

19세기 영국의 역사학자 토머스 칼라일의 말처럼, 인류 역사는 결국 위인들의 전기에 지나지 않는다. 그렇다면 그 많은 위인을 탄생시킨 것은 무엇일까? 위대한 선진 교육이나 자본주의 체제였을까? 아니다. 위인을 만든 첫걸음은 역시 남과 다른 강력하고 큰 생각인 파워 씽킹이다.

세종대왕이 훈민정음을 창제한 동력도 '백성이 나라의 근본'이라는, 당시로서는 놀랍도록 급진적인 정치 철학 덕분이다. 그 결과 세종대왕은 세계에서 가장 과학적인 문자를 창제한 위대한 성군이 될 수 있었다.《세종실록》을 보면 세종대왕의 남과 다른 강력하고 큰 생각을 잘 알 수 있다.

"백성은 나라의 근본이니, 근본이 튼튼해야만 나라가 평안하게 된다."

부와 성공을 결정하는 도구, 파워 씽킹

현재 당신의 모습이 어떤지는 상관없다. 당신은 오늘부터 인생과 미래를 눈부시게 창조해나갈 수 있다. 가장 좋은 방법은 파워 씽킹을 배우는 것이다. 위대한 인생을 살아낸 사람들, 위대한 기업을 만들고 이끌어온 사람들처럼 개인적 부와 성공을 누린 사람들을 찾아가 직접 파워 씽킹에 대해 배우면 좋을 것이다.

파워 씽킹은 단순히 개인의 인생과 우리가 사는 세상을 바꾸는 것에 그치지 않는다. 한 사람의 인생을 새롭게 만들고 세상을 창조해나간다. 믿을 수 있겠는가? 손톱 크기보다 작은 씨앗이 엄청나게 큰 거목이 될 것이라는 사실을 잊어서는 안 된다. 의심하지 말고, 믿고 이 책을 펼쳐 보라. 끝까지 다 읽게 되었을 때, 강력하고 새로운 남다른 생각들, 즉 파워 씽킹으로 머리가 꽉 차게 될 때, 비로소 당신은 어제와 다른 새로운 자신으로 재창조될 것이다. 그러한 파워 씽킹은 최상의 삶과 위대한 부와 성공을 만들어줄 것이다.

이 세상에는
수많은 사람이 살고 있지만,
정확하게 두 부류로 나눌 수 있다.

첫째는 남과 다른 강력하고 큰 위대한 생각으로 세상과 인생을 창조해가는 사람들이고, 둘째는 열심히 일만 하고, 노력만 하면서 살아가는 사람들이다.

더 중요하고 충격적인 사실은 전자의 사람들, 파워 씽커들이 부와 성공의 80% 이상을 독식하고 있고, 후자의 사람들이 노동의 99%를 도맡아 하면서 뼈 빠지게 일하고 있다는 사실이다. 끝없이 일을 하지만 그들은 언제나 가난하고 궁핍하다. 그들의 지갑은 항상 비어 있다.

그렇다면 왜 당신은 아직 성공하지 못했을까? 당신이 매일 하는 생각의 종류와 성격, 생각의 수준과 차원 때문이다. 즉 평범한 사람들은 평범한 생각을 하고, 루저들은 루저가 되는 생각을 하고, 성공하는 사람들은 성공할 수 있는 생각을 하기 때문이다.

나는 생각을 세 가지 종류로 나누었다.

평범한 사람들의 생각은 비슷하다. 대부분 너무나 평범한 생각을 한다. 이것이 첫 번째 생각인 '노멀 씽킹normal thinking'이다. 많은 사람이 이러한 노멀 씽커에 속한다.

여기서 좀 더 나가서 가난하고 실패만 하는 루저늘은 보통 나약하고 부정적이고 의심이 많고, 무엇보다 작은 생각을 한다. 이렇게 인생이 망하게 이끄는 생각들을 나는 '루저 씽킹loser thinking'이라고 부른다. 이런 종류의 생각을 하는 사람들이 루저 씽커이다.

세 번째는 새로운 인생, 새로운 부와 성공을 창조하는 파워 씽킹이다. 남과 다르고 강력하고 놀랍게 큰 위대한 생각을 할 수 있는 사람이 '파워 씽커power thinker'이다.

인류의 발전은 어제까지 존재하지 않았던 새로운 물건들의 창조로 이루어졌다. 어제까지 없던 도시가 생겼고, 어제까지 없던 무역 항로가 만들어졌으며, 어제까지 없던 은행이 발명되었고, 어제까지 없던 인쇄기술이 새로 등장하고, 어제까지 없던 과학이, 의학이, 종이가, 자본주의가, 회사라는 시스템이, 인터넷이, 비행기가, 컴퓨터가, 스마트폰이 창조되었다. 이 모든 발전과 성장, 혁신을 이룬 사람들이 바로 파워 씽커들이었다. 평범한 생각, 나약하고 부정적인 생각을 하는 사람들은 아무것도 만들어 내지 못했다.

위대한 이들은 하나같이 생각의 중요성을 일찍 깨달았고, 그것을 생활 신조로 삼았다. 성공 철학의 거장 나폴레온 힐Napoleon

Hill은 자신의 성공 철학을 집대성한 책의 제목을 '생각하라 그리고 부자가 되리라'라고 지었다. 왜 '일하라! 그러면 부자가 되리라'가 아니라 '생각하라! 그러면 부자가 되리라'라고 했을까? 생각하는 것이 일하는 것보다 더 중요하고 더 강력하다는 것을 그는 잘 알고 있었기 때문이다.

성공학의 거장이자 《성공하는 사람들의 7가지 습관》의 저자이기도 한 스티븐 코비Stephen Covey 박사는 "운명을 바꾸고 싶다면 생각을 바꿔라"라고 말했다. 20세기 최고의 과학자인 아인슈타인은 "지식보다 상상력(생각)이 더 중요하다"라고 하면서 "오직 인간만이 생각하기 때문에 새로운 가치를 창조해낼 수 있다"라고 말했다. 심지어 그는 "나는 몇 달이고 몇 년이고 생각하고 또 생각한다. 그러다 보면 99번은 틀리고, 100번째가 되어서야 비로소 맞는 답을 알아낸다"라고도 말했다. 뉴턴이 만유인력을 발견하고, 위대한 학자가 될 수 있었던 것은 생각 때문이었다. 그는 "나는 내내 그 생각만 했어요. 그게 만유인력을 발견할 수 있었던 이유예요"라고 말했다.

마이크로소프트의 빌 게이츠Bill Gates는 반드시 일 년에 두 번씩은 일주일 동안 일하지 않고, 외부 세계와 동떨어진 외딴 별장에서 생각만 하는 기간인 '생각주간think week'을 가진다. 자기 자신뿐만 아니라 임원들과 간부들에게도 모두 일하는 것보다 생각을 하도록 유도하기 위해 똑같이 생각주간을 가지도록 권장하고 있고, 실행하고 있다. IBM의 창립자인 토머스 왓슨 **Thomas Watson**이 강조한 것도 역시 'THINK(생각하라)'이다. 투자의 귀재, 버크셔 해서웨이의 회장인 워런 버핏**Warren Buffett**은 "하루 24시간 버크셔에 대해 생각한다"라고 그와 함께 일하는 직원이 말한다. 1990년대 초 적자의 IBM을 살린 것도 역시 기술이나 지식이 아니라 혁신적인 '생각'이었다.

조지아 주립대학교의 데이비드 슈워츠**David Schwartz** 교수는 성공하는 사람들은 모두 크게 생각한 사람들이라고 말한다.

"성공하는 사람은 키나 체중, 학력이나 집안 배경으로 평가되지 않는다. 그들은 생각의 크기에 따라 평가된다."

파워 씽킹은 바로 '남과 다른, 강력하고 큰 위대한 생각'이다. 생각의 크기, 생각의 힘, 생각의 종류, 생각의 범주, 이 네 가지의 중요성을 말하는 것이 파워 씽킹이다. 생각의 크기가 크고, 힘이 강력하고, 평범하지 않고, 남과 다르고, 위대한 생각이다.

이 책을 통해 남과 다른, 강력하고 큰 위대한 생각들, 파워 씽킹으로 당신의 머리를 가득 채운다면, 당신도 위대한 파워 씽커로 거듭날 수 있다. 행운을 빈다.

THINK
THINK

차례

1%만 알고 있는
파워 씽킹의 비밀

부와 가난,
성공과 실패가 결정되는 원리

생각을 단련하는
파워 씽킹 트레이닝

파워 씽커들의 생각법

POWER

1%만 알고 있는
파워 씽킹의 비밀

Thinking

POWER
Thinking

"존재하는 모든 것은
생각으로 만들어졌다는 말인가?
생각이 물리적인 세상을
창조한다는 말인가?"
"그렇다."

— 존 아사라프

생각이
곧 당신이다

"당신이 온종일 생각하는 것이 곧 당신이다."
—로버트 슐러

세상 모든 것은 생각에서 시작된다. 당신의 인생도 당신의 생각에서 비롯된다. 아쉽게도 가난한 생각만 하는 사람들은 평생 가난에서 벗어나지 못한다. 반면에 부자들은 생각의 크기가 다르고, 사고의 수준이 다르다. 무엇을 해도 늘 실패하고, 패배자가 되는 사람과 큰 성공을 하고, 승자가 되는 사람의 차이는 바로 생각에 있다.

위대한 성공을 한 사람은 생각 자체가 위대하고, 크고, 담대하고, 강력하다. 반면 평범한 인생을 살아가는 사람의 생각은 재미있게도 평범하다. 소가 수레를 이끌고 가듯, 우리가 오늘 하는 생각이 우리의 인생을 이끌고 간다.

미국의 근대 성공 철학의 선구자들, 나폴레온 힐, 데일 카네기Dale Carnegie, 노먼 빈센트 필Norman Vincent Peale, 스티븐 코비, 브라이언 트레이시 등의 작가들은 많은 이들에게 큰 동기 부여와 성공에 이르는 방법을 제시했다. 그러나 이제 다른 관점에서 새로운 질문을 던져보겠다.

당신은 생각을 제대로 하고 있는가?
당신은 파워 씽킹을 하고 있는가?
당신은 파워 씽커인가?

생각이 중요하다는 것은 누구나 다 안다. 하지만 그 생각에도 종류가 있고, 생각의 종류에 따라 결과도 달라진다는 사실을 우리는 간과하고 있다. 많은 이들이 열심히 일하고 엄청나게 노력해도 성공하지 못하는 이유는 무엇일까? 어제 했던 평범한 생각을 오늘 또 하기 때문이다. 인간은 어제 했던 생각의 80~90%를 그대로 하면서 살아간다고 한다.

마치 이것은 다람쥐가 쳇바퀴를 도는 것과 같다. 그래서 어제와 같은 생각 때문에 인생이 평생 크게 달라지지 않는 것이다. 많은 책을 읽거나, 한 번도 가보지 않은 낯선 곳으로 여행을 가는 것이 인생을 바꾸는 터닝포인트가 될 수 있는 이유는 바로 이것이다. 다독과 여행은 새로운 생각을 하도록 유도하는 탁월한 도구이자 방법이다.

많은 이가 생각의 힘을 알고 있지만 제대로 활용하지 못한다. 나는 막연히 생각은 힘이 세고, 생각은 창조하는 힘이 있다고 말하기보다, 이 책에서 좀 더 구체적인 생각의 기술, 생각하는 법, 생각의 사례를 이야기하고자 한다. 그중에서도 가장 중요한 생각의 기술은 바로 파워 씽킹이다.

"당신이 온종일 생각하는 것이 곧 당신이다."

미국의 목사이자 《적극적 사고방식》을 쓴 로버트 슐러**Robert Schuller**의 말이다. 이 말처럼 온종일 생각하는 것이 곧 당신 자신이고, 당신의 인생이 된다. 즉 타인과 세상은 우리가 바꿀 수 없다. 하지만 우리 인생은 우리가 바꿀 수 있다. 우리 인생은 우리의 생각대로 흘러가기 때문이다.

위대함을 생각하면 위대해진다. 평범함을 생각하면 평범해진다. 담대함을 생각하면 담대해진다. 나약함을 생각하면 나약해진다. 부유함을 생각하면 부유해진다. 궁핍을 생각하면 가난해진다. 파워 씽킹은 강력하고 위대하고 부유하고 담대한 생각을 하는 것이다. 파워 씽커는 말 그대로 파워 씽킹을 하는 사람이고, 루저 씽커는 늘 나약하고 부정적이고 궁핍하고 편협한 생각만 하는 사람이다. 당신이 어떤 삶을 살게 되는지는 당신에게 달려 있는 셈이다.

성공학 불후의 고전인 《미라클》을 보면, 자기 자신에 대한 올바른 생각 속에 실로 강력한 창조의 힘이 존재하고 있음을 알 수 있다.

이 책의 저자 오리슨 스웨트 마든Orison Swett Marden은 미국 뉴햄프셔주의 시골에서 태어나 어린 시절에 부모님을 여읜 이후로 고달프게 살아야 했다. 그는 사람들에게 채찍으로 맞고 발길질을 당하고 제대로 먹지도 못한 채 온종일 고된 노동에 시달리는 일상을 보냈다. 그의 삶에 극적인 변화가 생긴 것은 시골 농장의 다락방에서 우연히 읽은 한 권의 책 덕분이었다. 새무얼 스마일즈Samuel Smiles가 쓴 《자조론》을 감명 깊게 읽은 그는 무엇보다 '생각'을 할 수 있는 사람으로 변했다.

책을 읽고 생각을 하게 되면서 그의 삶은 드라마틱하게 바뀌었다. 그는 자신감과 도전의식을 지닌 사람으로 변했다. 그는 주경야독하며 하버드대학교에서 의학을, 보스턴대학교에서 법학을 공부했고, 호텔과 부동산을 사들이며 기업가로서도 활동했다. 스스로 새로운 인생을 창조하기 시작한 것이다. 그 후에는 수많은 사람에게 용기와 희망을 주고, 자립할 수 있는 강력하고 큰 생각을 심어주었다.

머튼은 새로운 인생으로 태어나는 깨달음의 한 면모를 《미라클》에서 설명하는데, 이는 다음과 같다. 그의 말에 따르면, 우리는 본질적으로 완전한 불멸의 존재이다. 완전한 신이 창조한 이 완전한 인간에게 결코 열등감 같은 것이 있을 리 없다. 단지 살아가면서 습관적으로 밴 생각과 마음가짐이 각각의 삶의 형태를 만들 뿐이다.

예를 들면, 걱정과 두려움은 우리의 삶을 시들게 하고 불행으로 이끌며 성공하지 못하도록 막는다. 반면에 밝고 긍정적인 생각은 우리를 치유하고 효율을 높여주며 정신력을 더욱 강하게 만든다. 우리 몸 안의 모든 세포는 생각에 따라 고통 또는 도움을 받고, 생명 혹은 죽음의 파장을 받아들인다. 인간은 가장 많이 생각하는 그 이미지대로 변해가기 때문이다. 몸이란 사실 생각이 눈에 보이는 형태로 바뀐 것에 불과하다. 인간이 강하거나 약한 것, 성공하거나 실패하는 것, 조화롭거나 조화롭지 못한 것은 그 사람의 의식에 달려 있다. 의식이야말로 우주를 관통하는 창조의 힘이다. 또한, 신에게로 향하는 위대한 진리이자 실체이다.

그의 말에 따르면 원하는 것은 무엇이든 생각을 통해 만들어낼 수 있다. 행복도, 건강도, 명예도, 능력도, 성공도, 관계도, 사랑도 그렇다. 무슨 일을 하든 그냥 하는 것과 반드시 탁월함을 드러내겠다고 생각하며 하는 것에는 천지만큼 큰 차이가 발생하게 된다. 마든의 삶의 동력은 파워 씽킹이었다고 말한 것이다.

파워 씽킹만큼 강력한 창조 에너지는 없다. 부와 성공은 행동으로 만드는 것이 아니라 생각으로 만드는 것이다. 생각이 만들어놓은 것을 우리의 행동과 현실이 그것을 보이는 것으로 드러내고, 끄집어내는 것에 불과하다.

탁월한 리더십의 대가로 꼽히는 존 맥스웰John Maxwell은 정상에 오르는 사람과 결코 정상에 오르지 못할 것 같은 사람과의 차이로 '생각'을 말했다. 삶을 바꾸기 위해서는 생각이 달라져야 한다. 평생 생각을 잘하는 방법에 관하여 연구해온 맥스웰은 우리 인간의 발전을 위해서는 생각이 무척 중요하다고 말했다. 우리의 오늘은 어제 생각한 결과이고, 우리의 내일은 우리가 오늘 무슨 생각을 하느냐에 달려 있을 것이다.

성경에 나오는 사도 바울도 이런 말을 전했다.

"진실한 것이 무엇이든, 영예로운 것이 무엇이든, 정의로운 것이 무엇이든, 순수한 것이 무엇이든, 기쁜 것이 무엇이든, 훌륭한 것이 무엇이든 간에, 만일 그것에 어떠한 미덕이나 칭찬할 만한 가치가 있다면 그러한 것에 관하여 생각하라."

남다른 삶을 살고 싶다면
남다른 생각을 해야 한다

우리 인생은 생각의 결과이다. 오늘 하는 생각은 내일을 창조한다. 부를 생각하면 부를 창조하고, 가난을 생각하면 가난을 창조한다. 부, 성공, 가난, 실패… 모두 다 당신이 만든 것이다.

평생 잠재의식을 연구했던 긍정심리학의 대가 조셉 머피 **Joseph Murphy**는 《잠재의식의 힘》에서 잠재의식과 생각의 관계에 대해 말한 적이 있다.

그는 인생은 모험이 되어야 하고, 만족스러운 것이 되어야하고, 단순히 존재하는 것 이상의 대단한 의미를 지녀야 한다고 말했다. 하지만 우리 대부분은 나날이 생존 경쟁에 허덕이느라살아 있는 존재의 경이로움을 맛보지 못한다고 덧붙였다.

좋은 일을 생각하면 좋은 일이 생기고 나쁜 일을 생각하면 나쁜 일이 생긴다. 당신이 하루종일 생각하는 것이, 바로 당신이라는 것이다.

머피에 따르면, 시대의 위인들이 가졌던 비밀은 자신의 내면에 숨겨진 잠재의식의 힘을 찾아내어 그 힘을 발휘하는 능력이다. 나의 미래는 나의 마음속에 있고, 나의 습관적인 사고와 신념에 따라 결정된다는 것이다. 최고의 것을 기대하면 반드시 그에 상응하는 일이 우리에게 일어날 것이다.

문제는 생각하는 일이 세상에서 가장 힘들고 어려운 일이라는 점이다. 19세기 미국의 시인이자 사상가 랠프 월도 에머슨 **Ralph Waldo Emerson**은 "세계에서 가장 힘든 일은 바로 생각하는 일이다"라고 말한 적이 있다. 생각한다는 행위는 어렵고 힘든 일이기 때문에 인생을 적극적으로 만들어가려면 자신의 생각을 노트나 종이에 꾸준히 적어놓기를 추천한다. 자신의 생각을 수시로 되새기고 다잡을수록 노트에 적은 생각은 현실로 이루어질 가능성이 높다. 생각이 더 깊어지고 커지는 효과도 볼 수 있다.

Small Tips for
POWER THINKING

1. 인생의 법칙, 세상의 원리는 인과 법칙이다.

2. 생각이 인생의 원동력이다. 따라서 우리는 남다른 생각, 큰 생각을 해야 한다.

3. 파워 씽킹은 강력하고 위대하고 큰 생각을 하는 것이다.

4. 행복, 성공, 부 등 인생에서 얻고 싶은 대상은 생각의 힘으로 거머쥘 수 있다.

위대한 인물들의
4가지 생각 도구

"나는 문제를 내 앞에 두고 끊임없이 생각한다."
—아이작 뉴턴

상상력이란 경험하지 않은 것, 현재에 없는 대상을 머릿속으로 그려보는 능력을 말한다. 인간에게는 이 상상력이 있어서 이야기를 발명하고 다른 인간과 의사소통을 하며 협력했다. 이 과정에서 집단, 정치, 종교, 국가가 만들어졌다. 민주주의도 만들고 공산주의도 만들었다. 상상력이 창의성으로 연결되면서 인간은 미술과 음악을 창작했다. 생각하는 능력은 인간을 독보적인 존재로 만들었고 생각을 거듭하면서 인간은 더욱 복잡한 문명을 만들었다.

동물은 미술 작품과 음악을 창작하지 못한다. 동물은 민주주의도, 공산주의도 만들지 못한다. 국가나 학교나 책은 말할 것도 없다. 동물이 창조를 하지 못하는 것은 생각을 하지 못하기 때문이다.

존 아사라프John Assaraf는《부의 해답》에서 존재하는 모든 것이 생각으로 만들어졌으며 생각이 물리적인 세상을 창조한다고 말한다. 물리적인 세상에 존재하는 모든 것은 원자로 만들어졌고, 원자는 에너지로 만들어졌고, 에너지는 생각으로 만들어졌기 때문에 생각은 모든 것이 비롯되는 원천이라는 것이다.

인간의 생각을 통해 세상이 만들어졌다

우리가 어떻게 생각하느냐에 따라 우리의 삶을 우리가 원하는 대로 창조해나갈 수 있다. 강력하고 긍정적인 생각은 부와 성공을 창조한다. 나약하고 부정적인 생각은 가난과 궁핍을 창조한다.

생각은 인간만이 가진 최고의 도구이다. 생각하지 않고 그저 살아가는 사람들은 가장 강력하고 좋은 도구를 사용하지 않고 평생을 살아가는 사람과 다를 바 없다. 예를 들어 부산에서 서울로 가는 최고의 이동 수단은 비행기이다. 여기서 생각은 비행기와 같다. 생각하지 않고 그저 살아가는 사람들은 비행기를 타지 않고, 걸어서 부산에서 서울로 가는 것과 같다. 생각이라는 가장 강력한 도구를 잘 사용하지 않는 사람들은 가난하고 힘겨운 삶을 살아가게 되는 것이다.

도보로 이동할 때는 험한 산이나 큰 강이 나타나면 직접적인 영향을 받는다. 마치 생각하지 않고 그저 살아가는 사람들이 주어진 환경에 순응하면서 운명이 이끄는 대로 살아가듯, 두 발로 걷는 사람들은 험한 산과 큰 강이 전부 장애물이다. 하지만 비행기를 이용하는 사람에게는 이런 것들이 전부 장애물이 아니다. 비행기는 산과 강을 초월하기 때문이다.

인생이 힘들고 버겁다고 말하는 사람들이 있다. 꾸역꾸역 두 발로 걸어서 살아가기 때문이다. 다행히 우리에게는 도구가 있다. 생각이라는 도구는 하늘을 날아 험한 산이나 큰 강을 그냥 건너뛰게 해준다. 더 놀라운 사실은, 인간으로 태어난 우리가 한 명도 빠지지 않고 생각을 할 수 있다는 것이다. 태어나면서 자동으로 얻은 비행기라는 도구를 왜 활용하지 않는가?

생각 도구①
창조력

창조력의 핵심은 생각thinking이다. 생각하지 않고, 상상하지 않으면, 생각할 수 없다면 창조도 할 수 없다. 1955년에《위대한 강》으로 퓰리처상을 받은 작가이자 화가인 폴 호건Paul Hogan은 "우리가 새로운 것을 창조해낼 수 있는 것은 존재하지 않는 것조차 생각하고 상상할 수 있기 때문"이라고 말한다. 존재하지 않는 것조차도 생각하는 힘, 이것이 파워 씽킹이다.

폴 호건은 "상상할 수 없다면 창조할 수 없다"라고 단언했다. 존재하지 않는 것을 상상할 수 없다면 새로운 것을 만들어낼 수 없고, 자신만의 세계를 창조하지 못하면 다른 사람이 묘사하는 세계에 머무를 수밖에 없다는 뜻이다. 상상하지 못한다는 것은 곧 자신의 눈이 아니라 타인의 눈으로 실재를 본다는 것이다. 결국 통찰력을 갖춘 마음의 눈을 계발하지 않으면 육체의 눈으로도 아무것도 볼 수 없다는 말이 된다.

프랑스의 조각가 루이즈 부르주아Louise Bourgeois도 "생각이 내 창작 활동의 근본적인 활동"이라고 말하면서 생각의 필요성을 강조했다.

"나는 오랫동안 깊이 생각했다. 그러고 나서 내가 말해야 할 것이 무엇이며, 또 그것을 어떻게 번역할 것인가를 고민했다."

화가 마르셀 뒤샹Marcel Duchamp은 이런 말을 했다.

"당신이 보고 있는 것들에 대해 생각해보라. 자신이 가장 생각하지 않는 것들에 대해 가장 많이 생각하라."

천재 화가 파블로 피카소Pablo Picasso도 예외는 아니었다.

"당신들은 보고 있어도 보고 있지 않다. 그저 보지만 말고 생각하라. 표면적인 것 배후에 숨어 있는 놀라운 속성을 찾아라."

조각가 베벌리 페퍼Beverly Pepper는 "어떤 것을 그린다고 해서 화가가 되는 것은 아니다. 화가가 되고, 예술가가 된다는 것은 어떻게, 그리고 무엇을 생각하느냐의 문제"라고 말했다.

생각이 창작 활동의 뼈대와 뿌리가 된다는 것을 말한 예술가는 바로 위대한 조각가 오귀스트 로댕Auguste Rodin이다. 그도 역시 자신의 창작품은 모두 생각에 육체적인 형태를 첨가한 것에 불과하다고 말한다. 특히 유명한 작품인 〈생각하는 사람〉은 자기 생각에 육체적인 형태를 부여한 것이라고 한다.

생각 도구②
상상력

화가나 조각가만이 파워 씽킹의 중요성을 알고 있는 것은 아니다. 세계적인 성악가인 루치아노 파바로티Luciano Pavarotti도 파워 씽커이다. 그는 노래하는 활동보다 더 중요하고 근본적인 활동이 '생각하는 활동'이라고 말한 적이 있다. 머릿속으로 음악을 생각하는 것이 실제로 노래하는 것보다 더 중요하다는 것이다.

존재하지 않는 것을 상상할 수 없다면 새로운 것을 만들어낼 수 없으며, 자신만의 세계를 창조하지 못하면 다른 사람이 묘사한 세계에 머물 수밖에 없다는 폴 호건의 말처럼 우리가 스스로 창조하고 발견하고 생각해내지 않으면 다른 사람의 생각대로 살게 되고, 다른 사람이 발견하고 창조한 세상 안에서만 머물게 된다. 그러다가 결국 타인이 만든 세계 속에 갇히게 되는 것이다. 우리에게 그 무엇보다 상상력이 필요한 이유이다.

스스로 생각하고

창조하지 않는 사람들은 타인의 생각과 세계 속에 갇힌 삶을 살게 된다.

뉴턴이 아무리 위대한 과학자였다 해도, 연구만 하고 공부만 했다면 만유인력을 발견해낼 수 없었을 것이다. 하지만 그는 관심을 가지고 사물과 주위에 대해 남다른 강력한 생각을 했다. 만유인력의 법칙을 발견할 수 있었던 비결은 다름 아닌 생각이었다. 17세기 최고의 물리학자였던 뉴턴은 생각의 위력을 잘 알고 있었다. 그는 생각하고 또 생각했기 때문에 만유인력의 법칙을 발견할 수 있게 되었던 것임을 그의 말을 통해서도 알 수 있다.

"나는 문제를 내 앞에 두고 끊임없이 생각한다."

인류 역사상 최고의 사상가라고 불리는 아인슈타인에 관해 놀라운 사실을 하나 발견할 수 있다. 〈워싱턴타임스〉의 칼럼니스트 마이클 르고Michael LeGault는 저서 《씽크》에서 아인슈타인을 높이 평가했다.

그에 따르면 아인슈타인은 연필과 종이, 그리고 자신의 두뇌만을 사용하여 우주의 가장 심오한 비밀을 파헤쳤다. 오늘날 아인슈타인은 역사상 가장 탁월하고 창조적인 과학자로 인정받고 있지만, 진정 아인슈타인의 위대한 점은 궁극적으로 인간 두뇌의 경이로운 힘(생각하는 힘)과 놀라운 인식 능력을 보여주었기 때문이라는 것이다.

그의 말처럼 아인슈타인을 최고의 과학자로 만든 것은 바로 '생각하는 힘'이었다. 남과 다른 강력하고 크고 위대한 생각이 파워 씽킹이다. 생각하는 힘에 대해 그 누구보다 잘 알고 있었던 아인슈타인이 '상상력이 지식보다 더 중요하다'라는 말을 한 것은 너무나 자연스러운 것이었다. 이처럼 역사 속의 위대한 화가, 예술가, 과학자들은 모두 파워 씽킹의 대가들이었다.

생각 도구③
유연함

생각이 위대한 인물을 만든 경우가 천재나 예술가, 과학자로 한정되는 것은 아니다. 어떤 분야의 스포츠 종목이든 그 분야에서 최고의 선수가 되는 데 필요한 것은 타고난 탁월한 재능이나 오랜 시간의 훈련이나 연습만이 아니다. 이러한 것들보다 더 중요하고 더 필요한 것은 '경계가 없는 유연한 사고'이다. 이러한 사실에 대해 〈타임스〉의 현직 기자이자 올림픽 탁구 선수 출신인 매슈 사이드Matthew Syed는 저서 《베스트 플레이어》란 책에서 다음과 같이 설명했다.

베스트 플레이어들은 사고의 유연성과 남다른 생각을 위해 자기 영역에 갇혀 살지 않는다. 재능만이 유일무이한 성취를 가져온다는 고정관념에서 벗어나 불가능을 가능으로 뒤바꿔 생각하는 경계 없는 유연한 사고는 남다른 경지에 도달하는 기폭제라고 할 수 있다.

위대한 선수들에게는 하나같이 불가능을 가능으로 뒤바꿔 생각하는, 위대한 생각이 있었다. 위대한 선수 중에 나약하고 부정적이고 작은 생각을 하는 사람은 없다.

생각 도구④
자존감

세계적인 축구 선수 박지성은 고등학교 시절까지 평범한 선수에 불과했다. 그 어떤 주목도 끌지 못했다. 하지만 그는 시합에 나갈 때마다 강력한 파워 씽킹을 했다. 남들과 그의 차이는 '파워 씽킹을 하느냐 하지 않느냐'뿐이었다.

그는 평소에 '이 경기장에서 내가 최고다'라고 생각하면서 훈련을 했다. 이것은 오만한 생각이 아니라 자신의 능력을 스스로 믿으며 자존감을 키우는 확언이었다. 그 강력한 생각 덕분에 그는 세계적인 축구 선수가 되었다.

전설적인 배우 찰리 채플린도 남다른 생각을 했던 인물이다. 보육원에서 먹을 것이 없어서 구걸하러 다니며 굶주린 상태에서도 그는 '나는 이 세상에서 가장 뛰어난 배우다'라는 생각을 당당하게 했다. 그는 정확히 자기 생각대로 되었고 '20세기 가장 뛰어난 희극 배우'라는 명성을 얻었다.

최고의 선수, 최고의 배우도 생각에서 비롯되고 완성된다. 파워 씽킹은 모든 것을 바꾸어놓고, 새로운 것을 창조한다. 파워 씽킹이 위대한 선수, 위대한 배우를 만든다.

Small Tips for
POWER THINKING

1. 생각의 힘은 다양한 모습을 가지고 있다.

2. 역사상 위대하고 탁월한 인물들을 분석해보면 파워 씽킹의
진면목을 알 수 있다. 그것을 당신 것으로 만들어야 한다.

3. 파워 씽킹은 창조력, 상상력, 유연한 사고, 자존감 등의 모습
으로 나타난다.

위대한 성취를 끌어내는 파워 씽커의 특징

> "우리는 우리가 마음먹은 그대로 된다.
> 긍정적이고 창조적인 사고만이 긍정적 행동을 유발하고
> 마침내 그것을 실현시킬 수 있다."
> —클로드 브리스톨

    인류 역사를 살펴보면, 최악의 환경과 조건에서도 어려움을 이겨내고, 눈부신 성공을 거둔 사람들이 존재한다. 무엇이 그들을 남과 다르게 만들어, 비범한 성과를 창출할 수 있게 해준 것일까? 그저 운이 좋아서, 혹은 주위 사람들의 도움으로, 혹은 자신의 실력이나 능력이 뛰어나서 눈부신 성공을 거두고, 탁월한 성과를 창출했을 것이라고 단순하게 생각할 수 있다. 하지만 정말 그럴까?

    아니면 남들보다 10배, 100배 더 많이 '노오력'을 하면 정말

성공할 수 있을까? '열정 페이'란 말이 있다. 모두가 싫어하는 말이다. 오직 열정만으로는 성공도 부도 행복한 인생도 이룰 수 없음을 너무나 잘 알고 있기 때문이다.

그렇다면 평범한 사람들이 성취하지 못한 일, 감히 엄두가 나지 않아서 시작도 못 하는 일, 불가능에 가까운 엄청난 일을 보란 듯이 해낸 위대한 인물들의 공통점은 무엇일까?

불가능을 가능하게 하는 강력한 의지

흔히 성공한 이들이 지닌 자질로 열정, 노력, 재능, 실력, 운, 환경, 조건, 습관, 능력, 재주 등을 든다. 세상에는 열정만으로 안 되는 일이 너무나 많다. 노력이나 실력, 능력이나 재주만으로 안 되는 일은 더 많다. 운이 아무리 좋아도 안 되는 일도 많다. 좋은 환경과 좋은 조건 덕분에 가능했던 일이라면 처음부터 불가능한 일이 아니었을 것이다. 가장 중요한 것은 바로 우리 인간의 의지이다.

당시 불가능한 일로 생각했던, 인간이 하늘을 나는, '비행'이라는 꿈을 실현한 라이트 형제에게만 있고, 다른 사람에게 없었던 것. 그것은 실력, 노력, 행운 좋은 환경, 좋은 습관이 아니라 '인간은 하늘을 날 수 있다'라는 당시로서는 불가능에 가까운 담대하고 강력하고 큰 생각, 즉 파워 씽킹이었다. 그리고 그것을 현실로 이루어내겠다는 강력한 의지가 그들은 꿈을 이루게 만든 것이다. 파워 씽킹과 의지가 없었다면 아무리 좋은 재주와 실력, 재능과 행운이 있었다고 해도 그들은 비행기 개발을 계속할 수 없었을 것이다.

파워 씽킹은 그들로 하여금 인류 역사에서 항공계의 개척자로, 역사상 처음으로 동력 비행기를 조종하여 비행에 성공한 위대한 인물로 만들어주었다. 이것이 파워 씽킹을 당신도, 나도, 우리 모두가 해야 하는 이유이다.

프랑스의 대혁명 시기에 혜성같이 나타나 불과 15년 만에 유럽의 역사를 바꾸어놓은 영웅 나폴레옹은 인류 역사상 최고의 파워 씽커 중에 한 명이었다. 그가 남긴 유명한 말을 살펴보자.

"나의 사전에 불가능이란 단어는 없다."

이 말은 나약하고 부정적이고 작은 생각만 하는 루저 씽커들이라면 절대 할 수 없는 말이다. 어떤 사람이 앞으로 성공하고 행복하게 살 것인지, 실패만 하고 비참하게 살 것인지는 그 사람이 하는 말을 살펴보면 어느 정도 알 수 있다. 사람의 말은 생각의 그림자이며, 표현이기 때문이다.

부를 창조하는
잠재의식과 신념

파워 씽커들은 엄청난 잠재의식과 신념을 가지고 있다. 지금은 돈 한 푼 없어도, 부자가 될 것이라는 강한 신념을 가지고 있는 파워 씽커들은 결국 부를 창조해내고 만다.

세계적인 큰 부자 중에 파워 씽커가 아닌 사람이 과연 있을까? 멀리 찾을 필요도 없다. 우리나라에서 가장 큰 부자 중의 한 명이었던 고故정주영 회장을 보자.

당시 가난한 나라였던 우리나라에서 농부의 아들로 태어나, 세계적 그룹인 현대그룹을 만든 정주영 회장은 대표적인 파워 씽커였다. 진취적인 기상과 불굴의 개척정신은 파워 씽커만이 가질 수 있는 특징 중에 하나이다.

"길이 없으면 길을 찾고, 찾아도 없으면 길을 닦아 나아가야 한다. 무슨 일을 시작하든 된다는 확신 90%와 반드시 되게 할 수 있다는 자신감 10%를 가져야 한다."

가난한 나라에서 사업을 일으킬 때, 어려운 점은 한 두 가지가 아니었다. 하지만 그 모든 악조건을 이겨내고, 세계적인 기업을 일으키기 위해 반드시 있어야 하는 것은 남들이 하지 못하는 담대하고 강력하고 큰 생각인 파워 씽킹이다.

정주영 회장이 조선소 건립에 앞서 영국 바클레이즈은행에 돈을 빌리기 위해, 런던의 A&P애플도어의 찰스 롱바톰Charles Longbattom 회장을 만난 적이 있었다. 그 자리에서 롱바톰 회장은 난색을 표하며 정주영 회장의 부탁을 거절했다.

"현대그룹의 능력만으로는 이 조선 사업이 무모합니다. 한국의 상환 능력과 잠재력을 믿을 수 없습니다."

정주영 회장은 자신의 바지 주머니에 있던 오백원 지폐에 그려져 있던 거북선을 보여주며 대답했다.

"대한민국은 500년 전에 이미 철갑으로 무장한 거북선을 만들어서 일본이 일으킨 임진왜란에서 승리했습니다. 영국에 넬슨 제독이 있다면 한국에는 넬슨보다도 위대한 이순신 장군이 있습니다."

롱바톰 회장은 오백원 지폐를 꼼꼼하게 살펴봤다. 지폐에 거북이와 비슷한 배가 그려진 것을 확인하고 다시 물었다.

"당신들의 선조들이 실제로 이 배를 전쟁에 사용했다는 게 정말입니까?"

"그렇습니다. 대한민국은 위대한 역사와 우수한 두뇌를 가진 인재를 보유한 나라입니다. 불행하게도 6·25전쟁으로 산업화가 지연됐고, 그로 말미암아 지금은 그 힘이 작아져 있지만 잠재력만은 세계에서 최고입니다. 우리 현대그룹에서 자금만 확보된다면 훌륭한 조선소를 짓고 세계 최고의 선박을 제조해낼 수 있습니다."

정주영 회장은 확신을 가지고 강조했다.

"이 거북선은 철로 제조한 함선입니다. 대한민국은 영국보다 300년이나 앞선 1500년대에 철갑선인 거북선을 만들어냈고 이 배로 일본을 물리쳤습니다."

화려한 프레젠테이션과 보고서에도 "NO"를 외쳤던 롱바톰 회장의 마음을 움직인 결정적인 이유는 정주영 회장의 확신에 찬 말과 자세였다. 파워 씽커는 오백원짜리 지폐 한 장에서도 '할 수 있다'는 신념을 가지는 사람이다.

롱바톰 회장은 결국 정주영 회장의 확신에 찬 말을 듣고, 한국의 잠재력을 믿게 되었다. 하지만 영국 바클레이즈은행 차관 도입을 위해서는 영국수출신용보증국의 보증을 받아야만 하는데, 그곳에서는 배를 살 사람을 찾아서 계약하고 계약서를 가져

와야 보증을 서주겠다는 조건을 내걸었다.

아직 조선소도 건립하지 못한 채로 조선 비용을 마련하지 못한 당시 상황에서 선박을 살 사람을 찾아서 유조선을 계약한 후에 계약서를 가져오라는 조건은, 사막에서 강물을 만들고 찾아오라는 말과 다를 바 없었다.

당시 우리나라는 세계에서 가장 가난한 나라 중 하나라서 UN의 원조를 받고 있었다. 보통 사람이라면 이쯤에서 포기했을 것이다. 하지만 정주영 회장은 아직 지어지지도 않은 조선소, 지을 것도 불투명했던 조선소 자리인 울산 앞바다 미포만의 초라한 백사장 사진을 가지고 배를 계약하기 위해 불가능한 도전을 했다.

'그리스 선박왕'으로 불리는 아리스토틀 오나시스의 처남인 조지 리바노스가 선박을 구하고 있다는 정보를 입수하여, 그를 만나기 위해 그리스로 날아갔다. 울산 앞바다의 백사장 사진을 보여주면서, 4~5,000만 달러짜리 유조선을 계약하기 위해서였다. 정주영 회장은 그를 만나 보통 사람이라면 할 수 없는 계약을 성사시켰다.

"아직 조선소는 없으나 울산에 건설할 예정이고 배를 만들어본 적은 없으나 만들 수 있습니다. 리바노스 당신이 이 배를 사준다면 내가 영국에서 돈을 빌려 이 사진에 나온 백사장에 조선소를 짓고 당신의 배를 만들어서 납품하겠습니다.”

그는 계약을 성사시키고, 영국 바클레이즈은행에서 4,300만 달러의 차관 승인을 받아냈다.

정주영 회장은 세계 조선 사업 역사에 신기록을 세우며, 최단 시일에 조선소를 건설하고, 동시에 26만 톤급 유조선 두 척을 건조해냈다.

파워 씽킹으로
달성하려는 궁극적인 목표

인류 역사상 위대한 성취는 모두 파워 씽킹으로 만들어졌다. 파워 씽킹을 하지 않았다면 어마어마한 재산도, 위대한 성취도, 비행기도, 거대한 조선소도 탄생할 수 없었을 것이다. 위대한 성취의 근원은 강력하고 담대하고 큰 생각인 파워 씽킹이다. 왜 파워 씽킹을 해야 할까? 나약하고 보잘것없고 편협하고 작은 생각만큼 인간을 작게 만드는 것도 없기 때문이다.

잠재의식과 생각에 대한 많은 책이 이미 존재한다. 이미 나와 있는 많은 책은 무조건 생각의 힘을 강조하고, 생각을 찬양하고, 생각을 위대한 것으로 여긴다. 그래서 수많은 잠재의식과 생각에 대한 책을 한마디로 정리하면 이 말이 된다.

"인간의 생각, 잠재의식만큼 위대한 것은 없다."

하지만 이 말은 반은 맞고 반은 틀리다. 생각도 생각 나름이기 때문이다. 더 정확한 말은 이것이다. 인간의 위대한 생각만큼 위대한 것도 없고, 인간의 나약한 생각만큼 보잘것없는 것도 없다. 우리의 생각이 보잘것없다면 시시한 인생을 살게 될 뿐만 아니라 그런 생각을 하는 사람은 그 자체로 시시한 인간이 된다. 우리의 생각이 위대하면, 위대한 인생을 살게 될 뿐만 아니라 그런 생각을 하는 사람은 그 자체가 위대한 인간이 된다.

더 중요한 사실은 지금부터이다.

위대한 생각, 강력하고 담대하고 큰 생각을 하는 것이 중요한 이유는 그 생각의 산물이 부와 성공, 위대한 성취를 하기 위해서가 아니다. 파워 씽킹을 하는 사람은 그 자체로서 위대한 존재가 되기 때문이다. 즉 부와 성공, 위대한 성취와 행복한 삶은 파워 씽킹의 부산물이지 목표가 아니다. 진짜 중요한 것은 부를 소유하는 것이 아니라 부와 성공, 위대한 성취를 하고도 남을 만큼 위대한 존재가 되는 것이다. 이것이 내가 이 책에서 전해주고 싶은 메시지이다.

엄청난 부를 소유하고 있는 부자가 어느 순간 부를 다 잃게 되었다면, 부자일 때는 위대한 사람이고, 부를 다 잃게 되어 거지가 되면, 보잘것없는 존재가 되는 것일까? 돈이 없어도 우리 선조들은 위대한 삶을 살았고, 삶의 질 또한 높았다. 돈에 휘둘리지 않는 인생을 살아갈 수 있는 사람은 또한 파워 씽커들이다.

파워 씽커들은 지위가 높아져도, 낮아져도, 부자가 되어도, 거지가 되어도 삶이 흔들리지 않는다. 쉽게 주위 환경에 영향을 받는 사람은 생각이 나약하고 편협하고 작기 때문이다. 파워 씽커는 길게 멀리 내다보고, 담대하고 강력하고 큰 생각을 하기 때문에, 일희일비하지 않고, 큰 성공을 해도 기뻐 날뛰지 않고, 큰 실패를 해도 의연하게 대처할 수 있다.

Small Tips for
POWER THINKING

1. 파워 씽킹을 통해 부와 성공 등 위대한 성취를 이룰 수 있다.

2. 파워 씽킹으로 위대한 성취를 이룬 인물들은 강력한 의지, 잠

재의식, 신념을 가지고 있었다.

3. 파워 씽킹을 통해 이루어야 할 진정한 목적은 위대한 성취를

넘어서서 위대한 존재 자체가 되는 것이다.

생각은 정말로
현실을 바꾼다

> "운명을 바꾸고 싶다면 생각을 바꿔라."
> ─스티븐 코비

잠재의식의 중요성을 강조하는 책은 많다. 무의식과 자각의 중간 지점에 있는 잠재의식은 무의식을 반영하여 의식의 세계로 전달하는 기능을 한다. 그러나 그 표현에서도 알 수 있듯이 잠재의식은 의식의 아래에 있는 것으로서 실제로 현실을 창조하지는 못한다. 잠재의식이 의식의 수준으로 드러나야만 반응이 일어난다. 즉 잠재의식이 현재의식으로 바뀌어야 한다. 그 과정은 사람마다 다르다. 어떤 사람은 '생생하게 생각하기'를 하고, 어떤 사람은 '노트에 적기'를 한다.

어떤 사람은 '목표의 시각화'를 한다. 다시 말해, 현실을 바꾸고 만들어내는 원동력은 잠재의식이 아니라 현재의식이다. 현재의식은 곧 파워 씽킹의 다른 표현이다.

생각이
현실을 바꾼다는 증거들

잠재의식이 아닌 현재의 생각이 인생을 바꾸고, 그 생각을 하는 주체인 자기 자신을 바꾼다. 이런 사실을 극적으로 알려주는 책이 《뇌내혁명》이라는 책이다. 이 책의 저자 하루야마 시게오春山茂雄는 생각이 어떻게 우리 자신을 바꾸어놓고, 영향을 주는지에 대해 뇌과학적으로 설명한 최초의 학자인지도 모른다.

그에 따르면 강력하고 좋은 생각, 긍정적이고 담대한 생각을 하면, 인간의 뇌에서 '베타 엔도르핀'이라는 모르핀 분비가 생성된다. 이 과정을 통해 인간은 의욕과 용기가 생겨서 잠재된 능력을 활용할 수 있다. 이전에는 상상도 하지 못하던 일에 도전하고, 성취해낼 수 있게 된다.

건강한 생각을 하는 사람이 더 건강해지고, 부정적이고 약한 생각을 하는 사람은 더 병약해지는 이유도 바로 이것이다. 생각이 편협하고 작은 사람은 쉽게 화를 내고, 부정적이고 어두운 생각을 많이 한다. 화를 많이 내는 사람, 부정적이고 우울한 생각을 많이 하는 사람은 독성 물질인 노르아드레날린이 부신에서 분비된다. 이것은 건강에 치명적이다. 혈압을 상승시키고, 혈관을 실제로 수축시켜서, 여러 가지 질환을 발생시킨다.

잠재의식보다 현재의식인 생각이 직접적으로 우리에게 영향을 준다는 증거는 또 있다. 스트레스의 경우이다. 업무나 일상에서 지속적으로 스트레스를 받으면, 몸에 아주 해로울 수 있다. 지속적인 스트레스는 정신 질환, 불안장애, 공황장애, 수면장애, 위장 질환, 폭식, 과음, 우울증 등을 발생시킨다.

누구나 사회생활을 하면서 때로는 하기 싫은 업무도 해야 하는 상황에 놓이므로, 스트레스에서 완전히 벗어날 수는 없다. 그런데 똑같은 상황에서 어떤 생각과 태도를 가지고 스트레스를 받아들이느냐에 따라 결과는 달라진다는 사실을 학자들이 발견했다.

탄 생선을 어쩔 수 없이 먹어야 할 때, 많은 사람은 발암물질이라는 사실을 알고 있어서, '발암물질인데, 어떻게 하지, 걱정스러운데'라는 부정적이고 나약한 생각을 하며 먹을 때는 실제로 그 자체가 스트레스이고, 탄 생선은 발암물질로 작용한다. 하지만 같은 상황에서도 '이 정도 작은 양은 먹어도 절대 내게 어떤 해를 끼칠 수 없어! 걱정 안 해도 돼! 괜찮아!'라는 긍정적인 생각을 하면, 실제로 그 상황이 주는 스트레스가 적어지고, 발암물질의 영향이 줄어든다는 연구 결과가 있다.

우리에게 직접 영향을 주는 것은 잠재의식이 아닌 현재의식, 우리의 생각이다. 담배를 피우면서도, 당신이 어떤 생각을 하느냐에 따라, 결과는 전혀 달라진다는 사실을 아는가?

담배를 피울 때도 당신의 생각은 당신의 건강에 큰 영향을 준다. 담배를 피우면서 부정적이고 나약한 생각을 하면, 부정적인 영향을 받게 된다. '담배가 몸에 안 좋다고 했는데, 발암물질도 많다고 했는데, 암에 걸리면 어떻게 하지?'라는 부정적이고 나약한 생각은 체내에 아드레날린이 분비되게 하고 활성 산소를 발생시켜 건강에 치명적인 결과를 만든다. 반면에 담배를 피우면서도 '이 정도 담배는 나를 어떻게 할 수 없어, 평소에 운동도 하고, 나는 건강하니까, 충분히 별 문제 없어'라는 강력하고 긍정적이고 담대한 생각을 하면, 베타 엔도르핀이 분비되어, 우리 몸에 미치는 부정적 영향을 줄여준다고 한다(물론 현실을 바꾸는 것은 잠재의식이 아닌 현재의식인 생각이라는 사실을 설명하기 위한 것임을 이해해주기 바란다. 어쨌든 흡연은 질병이라는 광고를 잊어서는 안 된다).

Small Tips for
POWER THINKING

1. 파워 씽킹을 통해 잠재의식에서 머물지 말고 현재의식으로 이끌어내야 한다.

2. 현재 하는 생각은 결과를 바꿀 만큼 강력한 힘이 있다.

3. 생각의 힘은 부와 가난, 성공과 실패를 좌우하는 결정적인 요소이다.

POWER

부와 가난,
성공과 실패가
결정되는 원리

Thinking

POWER
Thinking

"인생은
그 사람의 생각이 만들어가는
그 무엇이다."
— 마르쿠스 아우렐리우스

생각하지 않으면
노예처럼 살게 된다

"생각하는 대로 살지 않으면 사는 대로 생각하게 된다."
—폴 발레리

인간의 한계는 생각의 한계와 다를 바 없다. 생각하지 않는다는 것은 가능성이 없다는 것이다. 생각한다는 것은 가능성이 있다는 것이며, 생각을 많이 한다는 것은 가능성을 확장한다는 것이다. 생각하지 않는다는 것은 그 어떤 가능성도 발견하거나 만들지 못한다는 것을 의미한다. 이런 삶은 노예와 같다. 주어진 환경과 조건의 굴레에서 벗어나지 못하는 삶이다.

즉 생각하지 않고
그저 살아간다는 것은
노예와 같은 삶을
살아가고 있는 것이다.

이 책은 독자들에게 한 단계 더 요구한다. 생각한다고 해서 모두 성공하는 게 아니다. 누구나 매일 오만 가지 잡생각을 하면서 살아가고 있다. 하지만 그 생각이 어제와 별반 다를 바 없는 사람은 어제도 오늘도 내일도 별 볼 일 없는 지루한 인생을 살게 되지만, 그 생각이 남다르고, 강력하고 큰 생각이라면, 그 사람은 반드시 부와 성공을 창조할 수 있고, 어제와 전혀 다른 새로운 인생을 살 수 있다.

자신이 왜 살아야 하고, 무엇 때문에 살아가야 할 것인지를 생각하지 않고 그저 물결에 휩쓸려 살아가는 사람들은 시련과 역경을 만났을 때 그것을 극복하고 헤쳐나갈 힘이 없기에 쉽게 무너지게 된다. 반면에 생각하면서 사는 사람들은 아무리 큰 시련과 역경을 만난다 해도 절대로 무너지지 않는다. 특히 파워 씽킹을 할 수 있는 사람은 더 그렇다. 파워 씽킹을 하면, 희망과 기대가 넘치게 되고, 절망 가운데서도 희망을 바라볼 수 있게 되어, 힘과 에너지를 공급받을 수 있다. 파워 씽커들은 남다르게 강하고 큰 생각을 하는 힘을 평소에 기른 사람들이기 때문에 창조적이고 긍정적인 생각을 통해 그 상황을 슬기롭게 극복해낼 수 있고, 헤쳐나갈 수 있다.

왜 살아야 하는지 고민하는 사람은 쉽게 무너지지 않는다

제2차 세계대전 중에 유대인이라는 이유 하나만으로 죽음의 수용소인 아우슈비츠 수용소에 끌려가 짐승보다도 못한 비참한 삶을 살면서, 순간순간 죽음의 공포 속에서 고통스럽게 살아야 했던 빈 의과대학의 신경정신과 교수인 빅터 프랭클Viktor Frankl 박사는 가장 적나라하게 벌거벗겨진 인간의 실존 상태를 경험하게 되었다. 언제 가스실로 보내질지 모른다는 공포 속에서 최대한 오래 살아남기 위해 처절한 투쟁을 벌였다. 결국, 그는 살아남았다. 그리고 중요한 사실을 한 가지 깨닫게 되었다. "왜 살아야 하는지를 아는 사람은 그 어떤 상황도 견뎌낼 수 있다"라고 말한 니체의 말을 확신하게 되었다. 그래서 그는 의미요법이라는 '로고테라피logo therapy'를 창안하게 되었다.

우리를 강하게 만들고 우리를 노예와 같은 삶에서 벗어나 인생의 주인으로 살게 해주고, 어떤 상황에서도 견뎌낼 수 있게 해주는 것은 다름 아닌 '자신이 왜 살아야 하는지에 대해 생각하는 것'이다. 자신의 존재 이유를 고민하는 사람은 쉽게 무너지지 않는다.

주인과 노예의 가장 큰 차이는 주인은 삶을 주도해가지만 노예는 아무 이유도, 의미도 모른 채 주인이 시키는 것만 하며, 이끌려 살아간다는 것이다. 이끌려 살아가는 노예들은 자신이 왜 살아야 하는지를 생각하지 않는다. 그래서 더 나약한 존재, 의존적인 존재가 된다. 그런 점에서 생각하지 않는 사람들은 노예와 다를 바 없다.

왜 대부분의 사람들은 생각하지 않고 그저 살아가는 것일까? 이 질문에 대한 대답은 19세기 미국의 실용주의 학파에 속하는 철학자 존 듀이John Dewey의 말로 대신하고자 한다.

"우리는 문제에 직면해야 비로소 생각한다."

그가 주장했던 실용주의는 철학 또는 사고의 목적이 이 세계의 진상眞相을 제시하는 것이 아니라 우리가 이 세계 속에서 더욱 효과적으로 행동하도록 돕는 데 있다는 생각에서 출발한다. 그의 철학 사상처럼 생각하며 살아야 하는 이유는 이 세상의 진리를 발견하기 위해서라기보다는 우리의 삶이 좀 더 나아지고, 더 효과적으로 주인으로 살아갈 수 있기 위해서이다. 그런 점에서는 생각한다는 것은 삶을 더욱더 훌륭하게 살아갈 수 있도록 도와주는 가장 좋은 도구이다.

생각하라
생각은 공짜다

스페인 광고업계의 살아 있는 전설로 커뮤니케이션 혁명을 주도한 세계적인 퍼블리시스트인 호아퀸 로렌테Joaquin lorente는 칸 국제 광고영화제 등에서 100여 개의 상을 받은 인물이다. 그는 《생각하라, 생각은 공짜다》란 책을 통해 우리가 동물과 달리 과학과 문명을 발전시킬 수 있게 된 것은 모두 생각하는 능력 때문이라고 설파했다.

그는 인간과 동물의 차이를 설명하기 위해 뇌 이야기를 들려준다. 그에 따르면, 우리 몸의 75%는 물로 돼 있지만 몸 전체를 관장하는 핵심 장기는 무게 1.3킬로그램쯤 되는 허연 젤리 덩어리이다. '우주에서 가장 환상적이고 강력한 기계'라고 할 수 있는 뇌는 다치지 않도록 아주 단단한 두개골로 싸여 있다.

인간이 동물과 달리 과학기술과 물질문명을 발전시키고 지식을 쌓아 올릴 수 있었던 것은 두뇌의 놀라운 능력, 즉 생각하는 능력 덕분이다. 생각이야말로 어마어마한 에너지이다. 생각은 상황과 경우에 따라 적절히 가동함으로써 우리의 삶을 꾸려가는 결정적인 요소가 된다.

인간이 생각을 할 수 없다면 어떨까? 만약 그런 경우에 인간은 길가에 굴러다니는 돌멩이와 다를 바 없을 것이다. 생각하는 힘을 쓰지 않는다면 동물이나 마찬가지이다. 그의 주장대로 생각을 하기 때문에 인간이다. 생각은 인간의 고유성을 부여하는 능력이다. 생각하는 힘을 사용하지 않고 본능대로만 사는 사람을 '짐승'이라고 부르지 않던가.

로덴테는 생각의 값어치도 논한다. 지금 세상에서 돈은 우리가 가질 수 있는 가장 강력한 무기이다. 세상 모든 것에, 정말 모든 것이 값이 매겨져 있고, 돈을 주고 사야 한다. 그런데 인간이 살아가면서 결정하고 통제하고 추진하는 능력, 즉 생각하는 힘은 타고난 것이다. 태어나면서 이미 가지고 있다. 한 사람도 빠짐없이 말이다. 자연이 준 이 놀라운 선물은 공짜이다.

그의 말처럼 생각하는 것은 가장 강력한 능력이며 도구이면서 신에게서 혹은 자연으로부터 거의 공짜로 부여받은 것이다. 그러므로 생각하며 사는 사람은 돈으로 환산해서 가격을 매길 수 없는 것을 매일 사용하는 것과 같다. 반면에 생각하지 않고 그저 살아가는 사람들은 가격을 매길 수 없을 만큼 가치 있는 능력과 도구를 매일 낭비하는 것과 같다. 생각하지 않고 살아가는 것은 엄청난 손해이며, 낭비이다.

엘리엇 부Eliot Bu는《자살을 할까 커피나 한 잔 할까》라는 책에서 생각하지 않고 그저 살아가는 사람들의 삶이 어떤 모습인지 잘 묘사했다.

어제는 쓰레기를 치우느라 바빴는데, 오늘도 새로운 쓰레기를 치우느라 더 바쁘고, 내일은 더 새로운 쓰레기를 치우느라 더, 더, 더 바쁜 걸 인생이라 부른다고. 소음이 아닌 음악, 쾌락이 아닌 행복, 황금이 아닌 영혼, 돈벌이가 아닌 창조적인 작업, 어릿광대짓이 아닌 열정을 원하는 사람들이 설 자리는 이 천박한 세상에 없다고 말했다.

제목만큼이나 재미있는 이 문장을 볼 때, 우리가 살아가는 세상이 소음과 쾌락과 황금과 돈벌이와 어릿광대짓으로 가득 찬 천박한 세상이 되었음을 우리는 인정하지 않을 수 없다. 하지만 그 이유는 과연 무엇일까? 그것은 바로 우리가 스스로 생각하며 살지 않았기 때문이다. 생각하지 않으면서 살기 때문에 우리의 세상은 더욱더 천박해져 가는 것이다.

늘 그랬듯이 돌파구는 있다.
파워 씽킹이다.

파워 씽킹을 통해 천박한 세상을 우아한 세상으로 창조할 수 있다. 파워 씽커가 되어, 음악과 행복과 영혼과 창조적인 직업과 열정으로 가득 차 있는 가슴 뛰는 인생을 새롭게 창조하면 된다. 모든 것은 당신의 생각에 달렸다.

Small Tips for
POWER THINKING

1. 생각하는 힘은 인간이 고유한 능력으로서, 인간을 인간답게 구별해준다.

2. 생각은 가치 있고 풍요로운 삶을 살도록 해주는 도구이다.

3. 생각하는 능력을 최대로 활용하도록 노력해야 한다. 생각은 한계 없는 발전소에서 끝없이 생산되는 에너지이다.

생각을 단련하면 인생의 질이 높아진다

"사고하는 법을 배우면 자신의 삶을 통제할 수 있게 된다.
다른 사람들에 의해 밀려다니는 대신 스스로 결정할 수 있게 된다."

—에드워드 드 보노

누군가가 2년 2개월 2일 동안 외따로 떨어진 호숫가 오두막에서, 자신의 힘만으로 집을 짓고 자급자족을 하면서 살았다면, 그리고 그러한 삶에 관해 책을 썼다면 당신은 그 책을 읽을 것인가? 특히 바쁘고 복잡한 삶을 살아가는 현대인에게 그러한 책은 그 어떤 의미가 있을까?

19세기 자유주의자 헨리 데이비드 소로Henry David Thoreau의 대표작《월든》은 20세기 들어 큰 반향을 일으켰고 지금도 꾸준히 읽히고 있다. 이 책이 우리 생각의 방향과 틀, 프레임을 바꾸기 때문이다. 현대인은 점차 물질의 노예가 되어가고 있다. 놀라운 사실은 시간이 지날수록 가치가 더해져 전 세계 독자들이 끊임없이 그 책에 열광한다는 사실이다.

1845년부터 2년간 월든 호숫가에 통나무집을 짓고 밭을 일구면서 고독한 생활을 했던 소로의 '귀촌'은 남달랐다. 사업에 실패하거나 삶의 궁지에 몰려 도망치듯 외딴 곳으로 숨어든 것이 아니라 제 발로, 스스로 문명사회와 등을 진 행위였기 때문이다.

많은 사람이 공부하고, 특히 일하는 이유는 돈을 벌기 위해서이다. 그런 점에서 이미 우리는 물질의 노예라고 할 수 있다. 그런데 소로는 그러한 것들에 구속받지 않기 위해 자발적 가난을 선택했고, 그것을 통해 그 어떤 사람들보다 더 부유한 삶을 누렸다.

소로가 현대인에게 큰 영향을 줄 수 있었던 이유는 그가 살아가는 대로 생각하지 않고, 생각하는 대로 살고자 노력했던 사람이었기 때문이다. 더 중요한 이유는 그가 강력하고 큰 남다른 생각을 했다는 사실이다.

삶은
그처럼 소중한 것

소로가 멕시코 전쟁과 노예 제도에 반대하여 인두세 납부를 거부한 것은 세상이 시키는 대로 맹목적으로 쫓아 살아가는 사람이 아니라, 물결을 거슬러서 올라가는 연어처럼 투쟁하며 살아가는 사람이라는 사실을 잘 보여준다.

그는 문명사회에 등을 돌리고 자연 속에서의 삶을 자청하게 된 까닭에 대해 다음과 같이 밝히고 있다.

"내가 숲속으로 들어간 것은 인생을 의도적으로 살아보기 위해서였으며, 인생의 본질적인 사실들만을 직면해보려는 것이었으며, 인생이 가르치는 바를 내가 배울 수 있는지 알아보고자 했던 것이며, 그리하여 마침내 죽음을 맞이했을 때 내가 헛된 삶을 살았구나 하고 깨닫는 일이 없도록 하기 위해서였다. 나는 삶이 아닌 것은 살지 않으려고 했으니, 삶은 그처럼 소중한 것이다."

소로는 인생을 의도적으로 살아보기 위해서 숲속으로 들어갔다. 그리고 삶이 아닌 것은 살지 않으려고 했다고 말했다. 그렇다면 그가 말한 '삶이 아닌 것'은 과연 무엇일까? 그것은 바로 '생각하지 않고 누군가가 이끄는 대로 살아가는 맹목적인 삶'이다.

삶이 아닌 삶에서 우리는 벗어나야 한다. 우리가 가난하게, 무의미하게, 불행하게, 존중을 받지 못하고 사는 이유는 삶이 아닌 것을 살아가고 있기 때문이다. 그러므로 지금 우리에게 필요한 것은 생각하는 힘이다. 그리고 그 변화는 세상의 변화가 아니라 바로 자기 자신의 변화에서 시작되어야 한다.

"세상을 변화시키려면 먼저 자신부터 변화시키지 않으면 안 된다."

소크라테스의 말을 되새겨볼 필요가 있다. 세상을 변화시키려고 하든, 인생을 변화시키려고 하든, 우선순위는 자신을 변화하는 것이다. 그리고 그 변화의 시초는 단연코 '생각'이다. 소로는 마음가짐을 바꾸고 변화하기 위해서 생각하고 또 생각해야 한다고 말하면서 생각의 중요성을 강조했다.

"단 한 걸음으로 세계 일주를 할 수 없는 것처럼, 잠깐 새로운 생각을 했다고 마음가짐 자체가 바뀌지는 않는다. 길을 만들려면 끊임없이 걸어야 하듯이, 마음가짐을 바꾸려면 끊임없이 변화를 생각하고 또 생각해야 한다."

모든 변화의 시작은 파워 씽킹이다. 그리고 그 생각은 가장 강력한 변화의 원동력이다. 고대의 철학자인 아리스토텔레스는 "현재의 우리는 우리가 반복적으로 하는 행동의 결과이다. 그러므로 탁월하다는 것은 행동이 아닌 습관이라 할 수 있다"라고 말했다. 그런데 반복적으로 어떤 행동을 하기 위해, 즉 습관이 되기 위해서는 그것을 일정한 시기 동안 반복해야 한다. 그러한 반복을 하게 해주는 것은 우리의 의식이고, 강력하고 큰 생각이다. 그래서 소로의 말처럼 생각하고 또 생각해야 할 필요성이 있는 것이다.

기도나 기원, 자기 암시, 명상, 주문이 효과가 있는 것은 그것을 하기 위해 반드시 생각해야 하기 때문이다. 그것도 반복적으로 생각하고 또 생각해야 한다. 한두 번의 기도보다 날마다 끊임없이 반복해서 하는 기도가 더 큰 효과가 있고, 주문이나 자기 암시나 명상이나 기원도 모두 같은 이치인 것이다.

우리는 생각의 방향, 생각의 질, 생각의 내용, 생각의 수준을 잘 선택해야 한다. 생각의 수준과 차원을 높여서 새로운 인생을 창조하는 것이 파워 씽킹의 핵심이다. 우리가 하는 생각의 방향과 틀, 프레임이 결국에는 우리의 인생을 결정하기 때문이다. 우리가 하는 생각의 수준과 힘이 세상을 창조하고, 부와 성공을 창조한다.

긍정적으로 생각하라고 심리학자들이 주장하는 이유가 바로 이것이다. 긍정적으로 생각한다는 것은 우리 생각의 방향과 틀, 프레임을 바꿔 다른 방향으로 나아가게 한다는 것이고 그것은 부정적이었던 우리의 인생을 긍정으로 가득 채우는 시작점이 될 수 있다.

생각은 교육과 훈련을 통해 향상될 수 있다

"생각도 하나의 기술이다."

사고를 하나의 기능으로써 가르치는 창의적 사고법 분야의 선구자이자 세계적 권위자인 에드워드 드 보노Edward de Bono는 '사고에 대한 사고'의 개념을 개척한 학자이다. 그는 '수평적 사고Lateral thinking'라는 용어를 처음으로 만들어내기도 했다. 이 말은 현재 옥스퍼드 영어사전에도 올라와 있다.

그는 《드 보노, 생각의 공식》이란 책에서 '생각이 기술'이라고 주장했다. 생각은 인생이라는 자동차를 앞으로 나아가게 하는 기술이며, 생각을 통해 인생을 통제할 수 있다고 보았다. 또한 생각이라는 기술을 가르치지 않는 교육의 현실도 비판했다. 교육자들은 정보와 지능을 가르치면 충분하다는 불합리한 믿음을 가지고 있고, 사고의 기술, 즉 생각법을 가르치는 데 무관심하다고 말했다.

그는 지능과 사고의 관계를 자동차에 빗대어 설명했는데, 지능은 자동차의 마력이고 사고는 자동차를 달리게 하는 기술이다. 지능이 아주 높아도 생각을 잘 못하는 사람이 있고, 지능이 낮더라도 생각은 아주 잘하는 사람이 있다. 생각하는 법을 왜 가르치고 배워야 하느냐는 문제에 대해 그는 사고하는 법을 배우면 삶을 통제할 수 있다고 말했다. 사고하는 법을 알게 되면 상황에 따라, 자신의 감정에 따라, 타인의 영향력에 따라 끌려다니지 않고 스스로 생각하고 결정을 내릴 수 있다고 강조했다.

그의 말처럼 사고는 인생을 살아가는 하나의 운용 기술이다. 우리의 지능이 자동차의 성능을 평가하는 기준 중에 가장 중요한 마력과 같은 것이라면, 사고는 자동차를 움직이고, 그 마력을 사용하는 운용 기술에 해당한다. 사고력이 높은 사람들이 인생을 훨씬 더 멋지고 즐겁게 살아갈 수 있게 되는 것이다. '사고도 하나의 기술'이라고 하는 말에는 사고는 훈련과 연습을 통해, 그리고 더 잘할 방법을 배움으로써 향상시킬 수 있다는 의미도 담겨 있다.

　자전거 타기나 스키 타기, 운전같이 사고도 다른 기술과 다르지 않다. 우리가 의지만 있다면 향상시킬 수 있다. 사고의 기술은 당신의 인생이 얼마나 드높아지고 향상되고 나아질 것인가를 전적으로 결정한다.

　노벨문학상을 받은 아일랜드의 극작가·소설가·비평가 조지 버나드 쇼George Bernard Shaw는 사람들이 생각이란 걸 너무 하지 않는다고 말하면서, 자신이 세계적인 명성을 얻게 된 것은 사람들이 그토록 하지 않는 생각이란 것을 했기 때문이라고 말했다.

　"사람들은 일 년에 두세 번도 생각이란 걸 하지 않는다. 그리하여, 나는 일주일에 한두 번의 생각만으로 세계적 명성을 얻었다."

　버나드 쇼가 세계적 명성을 얻게 된 것은 남들보다 더 지독하게 노력하고 연습했거나, 남들보다 더 재능이나 지능이 뛰어나거나, 남들보다 더 학식이나 지식이 많았기 때문이 아니다. 그가 세계적 명성을 얻게 된 것은 그가 남들과 다른 강력하고 큰 생각을 할 수 있었던 파워 씽커였기 때문이다.

　오세훈 전 서울시장은《시프트, 생각의 프레임을 전환하라》라는 책을 통해 우리가 생각대로 살지 않으면, 세상과 운명에 끌려다니며 살게 된다고 역설한 바 있다. 그는 자신의 책을 통해 우리가 사는 시대가 과거의 고정적이고 느린 속도의 시대가 아니라 빠른 변혁의 시대라는 사실을 잘 말해주었다.

저자의 말에 따르면, 미래학자들은 미래 사회가 국경도 없고 영토도 없어질 것으로 예측한다. 사라지는 직업과 새로 생겨나는 직업이 뒤엉켜 급격히 혼란스러워질 것이라고도 한다. 세계적 경영학자 다니엘 핑크Daniel Pink는 자신이 원하는 시간에 원하는 방식으로 프로젝트에 따라 옮겨 다니면서 일하는 프리에이전트의 세상이 올 것이라고 예측했다. 이미 2007년 〈뉴욕타임스〉는 어느 조직의 조직원으로 살고 있느냐보다 개개인이 가진 창조적인 역량, 재능, 전문적인 지적 자산에 따라 삶의 질이 달라질 것이라고 보도한 바 있다.

평생직장이라는 개념이 점점 사라지는 시대에 우리가 믿어야 할 것은 현재 자신의 직장이나 직위가 아니라 자신의 의식과 생각이다. 미래는 꿈꾸는 자의 것이 아니라 생각하는 자의 것이다. 시대가 이만큼 변화가 되었음에도 의식과 사고는 20~30년 전의 패러다임을 가지고 살아가는 사람들이 적지 않다. 그런 사람들은 절대로 자신의 분야에서 지도자가 되어 타인을 이끌 수 없다. 자기 자신 하나를 이끌기에도 턱없이 부족하기 때문이다. 그것은 재능이나 능력, 학식이나 지식에 의해서라기보다 의식과 사고방식에 의해서 결정된다고 할 수 있다. 이 지점에서 가장 필요한 것은 파워 씽킹이다. 파워 씽킹을 하는 자는 새로운 인생을 창조할 수 있기 때문이다.

우리가 살아가야 하는 시대는 너무나 빠르게 변화하고 있음에도 우리의 사고와 의식이 10년 전과 그대로라면 심각한 문제를 초래할 수밖에 없다. 시대의 변화에 잘 대응하는 사람들은 누구보다 더 쉽게 성공과 부와 명예를 얻게 된다. 그리고 그러한 사람들은 대부분 파워 씽커들이다. 이미 그들은 생각과 의식의 수준과 차원이 높고, 열려 있다.

행복에 이르는
가장 간단한 방법

우리 인생이 세상과 시대의 변화에 끌려가지 않기 위해서 우리는 생각을 해야 한다. 강력한 생각을 통해 자신의 미래를 스스로 만들고 창출할 수 있다. 생각하지 않고 그저 살아가는 사람들은 대부분 문제에만 매여서 그것에만 집중하면서 살아간다. 그들은 눈에 보이는 문제를 가장 중요하게 느끼고, 그것에 매달려서 살아가게 된다. 그래서 그늘의 삶은 매우 제한적이고, 수동적이다.

하지만 파워 씽커는 다르다. 문제를 대면하는 자세도, 해결하는 방법도 다르다.

그래서 삶의 수준이 달라지는 것이다. 파워 씽커는 문제보다 기회에 더 집중한다. 남들이 보지 못하는 문제 뒤에 숨어 있는 기회를 볼 줄 안다. 남과 다른 강력하고 큰 생각을 할 줄 알기 때문이다.

인생이란 예상치 못한 다양한 문제들과 쉴 새 없이 맞닥뜨리게 되는 세상과의 조우이다. 우리가 행복하고 성공적으로 살아가기 위해서 가장 필요한 것은 더 높은 수준의 생각, 고차원적인 생각이다. 그 어떤 자격증이나 스펙보다, 인맥보다 더 강력하다.

위대한 대문호 톨스토이는 "모든 사람이 세상을 바꾸겠다고 생각하지만 어느 누구도 자기 자신을 바꿀 생각은 하지 않는다"라고 말한 적이 있다. 그의 말처럼, 우리는 먼저 우리 자신을 바꾸어야 한다.

평생 부와 성공을 누리는 사람들은 생각의 고수이다. 하지만 반대의 사람들도 많다. 평생 고생하며 힘겹고 비루한 삶을 살아가는 사람들은 대부분 생각의 하수이다. 인생 고수는 결국 생각의 고수이고, 인생 하수는 생각의 하수이다. 대표적인 경우가 범죄자이다. 이들은 너무나 그릇된 생각을 하므로 결국에는 평생을 교도소에서 보내거나, 평생을 전과자로 무의미하게 살아간다. 단 한 번의 실수로 전과자가 된 사람도, 지금부터라도 파워 씽킹을 한다면, 극적인 반전 인생을 충분히 만들 수 있다.

생후 19개월 만에 급성 열병을 앓아 시력과 청력을 모두 잃은 헬렌 켈러는 자신의 숭고한 삶을 통해 수많은 사람에게 용기와 희망을 심어주는 위대한 위인이 되었을 뿐만 아니라, 그 누구보다도 더 가치 있고, 영향력 있는 삶을 살았다. 그녀가 쉰세 살에 발표한 글로서, 원숙한 경지에 이른 인생 철학을 엿볼 수 있는 책인 《행복해지는 가장 간단한 방법》이란 책을 보면, 그녀가 얼마나 생각의 기술이 뛰어난 사람이었는지를 알 수 있다.

헬렌은 쇼펜하우어의 글 속에서 공허함을 발견하지만, 역사학자 존 리처드 그린의 〈영국사〉를 읽으면 세계가 영웅으로 가득한 것처럼 느낀다고 고백한다. 헬렌은 그린의 역사책을 읽으면서 낭만적 활력에 휩싸이곤 했다는데, 그의 전기를 읽고 나서는 각박한 현실을 살던 사정을 알게 되었고 뛰어난 상상력으로 활기를 유지했다는 것을 알게 되었다고 한다. 전기 속에서 그린은 불 꺼진 벽난로 앞에 앉아 불길이 훨훨 타오른다고 상상했다. 그러고는 이렇게 말했다. "생각을 단련하라. 우울한 생각은 접고 밝은 생각을 끌어내라. 눈을 감으면 진부한 철학자에게 들을 수 있는 것보다 많은 지혜가 보인다."

헬렌은 모든 낙관주의자는 진보와 더불어 나아가면서 진보를 촉진하며, 반대로 모든 비관주의자는 세상을 정체시킨다고 말한다.

"비관주의가 한 국가의 일생에 미치는 영향은 개인의 일생에 미치는 영향과 마찬가지이다. 비관주의는 가난, 무지, 범죄에 맞서 싸우려는 본능을 죽이고, 세상에 존재하는 모든 기쁨의 샘을 고갈시킨다."

풍요로운 삶을 원한다면
생각을 단련하라

파워 씽커는 생각을 단련시키는 사람이다. 생각을 단련시키지 못한 사람은 아무리 다양한 지식을 가지고 있어도 그것을 제대로 활용할 수 없다. 그런 점에서 프랜시스 베이컨이 말한 바와는 반대로, 아는 것은 그 자체만으로 힘이 되지 못하는 것이다. 지식은 구슬과 같은 것이다. 구슬이 서 말이라도 꿰어야 보배라고 했다. 반드시 명심하라. 구슬이 아무리 많아도 꿸 수 있는 기술이 필요하다.

파워 씽킹을 하기 위해서는 생각을 단련할 필요가 있다. 생각도 역시 몸의 근육처럼 사용할수록 강해지기 때문이다. 성공하는 사람들은 얼마나 잘생기고, 얼마나 좋은 집안에서 태어났는지가 아니라 얼마나 큰 생각, 강력한 생각, 위대한 생각을 할 수 있느냐에 따라 평가된다. 그러므로 생각의 기술을 단련할수록 우리는 인생을 잘 살아갈 수 있게 된다.

생각을 단련하라. 생각의 기술이 당신의 인생의 질을 결정한다. 단련된 생각이 당신의 인생을 행복하고 풍요롭게 이끌어준다. 뛰어난 생각은 뛰어난 결과의 토대를 마련해줄 뿐만 아니라 뛰어난 결과를 창출해낸다.

인생은 문제의 연속이다. 어제 만난 문제를 오늘 다 해결했다고 해도 오늘 새로운 문제가 또 생긴다. 그 문제를 오늘 중으로 다 해결했다고 해도 내일은 새로운 문제가 생긴다. 그러므로 매일 생기는 무수한 문제를 얼마나 잘 해결하느냐에 따라 인생의 질이 결정된다.

어떻게 하면 문제들을 잘 다루고 잘 해결할 수 있을까? 지식이나 경험이 많으면, 또는 돈이나 권력이 있으면 좀 쉽게 풀어낼 수 있을까? 아인슈타인의 말에 힌트가 있다.

"우리가 오늘 당면한 문제는 우리가 그 문제를 처음 만들었을 때의 사고 수준으로는 풀지 못한다."

문제를 잘 해결하기 위해서는 생각을 단련하여 사고 수준을 높여야 한다. 그때 가장 필요한 것이 바로 파워 씽킹이다.

인생을 살면서 우리가 직면하게 되는 숱한 문제들은 결국 우리의 생각과 행동이 만들어낸 문제들이며, 그 문제들을 잘 해결하기 위해서는 한 차원 높은 생각, 파워 씽킹이 필요하다.

생각을 단련시킬 때 우리가 주의해야 하는 부분 중의 하나는 생각의 초점을 어디에 맞추어야 가장 좋은 생각을 도출해낼 수 있느냐 하는 부분이다. 즉 동일한 사고력을 가진 두 사람이 동일한 문제에 대해 생각을 한다고 해도 어디에 초점을 맞추고 생각하느냐에 따라 결과는 180도 달라질 수 있기 때문이다.

평범한 사람들은 평범함에 집착하고 평균에 집중하여 살아간다. 그 결과 그들은 평범한 삶을 스스로 창출해낸다. 평범한 삶을 자신들이 살아가는 이유는 오직 하나이다. 자신의 평범한 생각 때문이다. 그러면서도 그들은 자신들이 평범하게 살아가는 원인을 외부적인 환경이나 조건, 타고나지 못한 능력이나 재능에 둔다.

파워 씽커는 탁월함에 집착하고, 탁월함과 도약과 성장에 집중한다. 그 결과 그들은 탁월한 삶을 스스로 만들어낸다. 그들조차 무엇이 자신들과 자신의 인생을 명품으로 만들었는지 이해하지 못한다. 자신들이 성공한 이유가 그저 운이 좋았다고 여길 뿐이다.

위대한 생각은 위대한 성과를 창출한다. 파워 씽킹은 당신의 인생을 강력하게 만들어줄 것이다.

"생각의 차이가 인생의 차이를 만든다."

Small Tips for
POWER THINKING

1. 마음가짐을 바꾸고 인생을 변화시키려면 생각을 해야 한다.

2. 사고는 훈련과 연습을 통해 향상할 수 있는 기술이다.

3. 인생의 질은 매일 생기는 무수한 문제를 얼마나 잘 해결하느냐에 달려 있다.

인생은
생각대로 흘러간다

"온종일 생각하고 있는 것, 그것이 바로 그 사람의 본체이다."

—랠프 월도 에머슨

1965년 하버드대학교의 사회 심리학과 교수 로버트 로젠탈Robert Rosenthal은 샌프란시스코의 한 초등학교에서 실험을 진행했다. 그는 전교생을 대상으로 특별한 지능지수를 검사했지만 사실 그 검사는 지능지수 검사가 아니라 일반적인 설문조사였다. 학생들의 성적, 가정형편, 성격 등을 무시하고 전체 학생 중 임의로 20%를 뽑아 명단을 만들었다. 그는 교사들에게 그 명단에 든 학생들이 '지적 능력이나 학업 성취 향상 가능성이 크다고 판명된 학생'이라고 알렸다. 그런 다음 8개월이 지난 뒤 명단에 든 학생들과 다른 학생들을 대상으로 실제로 지능검사를 했다. 명단에 속한 학생들은 일반 학생들보다 점수가 높게 나왔고 8개월 전보다 실제로 지능지수가 크게 높아졌다. 왜 이런 결과가 나왔을까? 교사들은 명단에 선정된 아이들에게 기대를 걸고 열심히 가르쳤고 학생들을 기대에 부응하기 위해 열심히 공부를 했다. 교사들의 관심과 격려가 아이들에게 영향을 미쳤고 곧 성적 향상과 지능지수 상승을 가져왔다.

로젠탈은 실험 내용을 정리하여 1968년에 《교실의 피그말리온》이라는 제목으로 책을 간행했다. 피그말리온은 그리스 신화 속에 나오는 조각가이다. 그는 한 여인상을 조각하고 '갈라테이아'라 이름을 붙인다. 그는 자신이 조각한 아름다운 조각상을 보며 이내 사랑에 빠졌고, 사랑의 여신 아프로디테를 찾아가 조각상이 살아 있었으면 좋겠다고 소원을 빈다. 이에 감동한 아프로디테는 조각상 갈라테이아에게 생명을 불어넣어주고, 생명을 얻은 갈라테이아는 피그말리온과 함께 사랑을 하게 된다. 이렇게 로젠탈 효과는 교육심리학에서 교사의 기대에 따라 학습자의 성정이 향상되는 현상을 말하는 피그말리온 효과와 같은 뜻을 갖게 된다.

사회학자 로버트 머튼**Robert Merton**은 로젠탈 효과(피그말리온

효과)를 '자기 충족적 예언self-fulfilling prophecy' 또는 '자성 예언'
이라고 불렀다. 환자에게서 볼 수 있는 긍정적 기대와 관심의
힘을 뜻하는 플라시보Placebo 효과도 같은 맥락에서 이해할 수
있다.

로젠탈 효과는 학교뿐만 아니라 회사나 가정 등 다양한 조직
에서 현실적으로 나타난다. 교육에서는 학생들에 대한 선생님
의 기대가 학업 성취에, 조직에서는 리더의 기대가 구성원들의
성과에 영향을 끼친다. 또한 가정에서도 부모의 기대가 자녀의
행동과 발전에 영향을 미친다.

로젠탈 효과가 발생하는 이유는 바로 생각이다. 교사는 상
위 20% 명단에 속한 학생들을 새로운 시각으로 바라보면서 긍
정적인 기대를 하고 관심을 쏟았다. 학생들은 교사들이 자신들
을 대하는 태도가 변한 것을 의식하고 학습에 노력을 기울였다.
이 과정에서 생각의 변화가 일어난다. 전에는 한 번도 해보지 못
한 생각을 새롭게 하게 된 것이다. 학업 성취가 높아질 수 있다
는 기대감은 강력한 자극이 되어 실제로 학생들의 능력을 향상
시켰다. 이것이 바로 자성 예언의 메커니즘이다. 자성 예언의 원
리가 바로 파워 씽킹이다. 생각만으로 실제로 성적이 오른 학생
을 만들어낸 것이다.

자신의 인생을 스스로 개척하는 법

어떤 사람들은 '인생은 호락호락하지 않다'라고 생각한다. 그들은 그렇게 생각하기 때문에 정말로 인생이 만만하지 않고 쉽게 풀리지 않는다고 느낀다. 반면에 어떤 사람들은 '난 정말 운이 좋다'라고 생각하는데 그들은 실제로 운이 좋은 인생을 살아가게 된다. 미국의 철학자 윌리엄 제임스의 말처럼 "인생이란 그 사람이 생각한 것의 소산"에 불과한 것이다.

감사하는 사람들에게 더욱더 많은 감사의 조건이 생기는 것은 바로 파워 씽킹의 메커니즘과 관련이 있다. 화를 내고, 무기력에 빠진 사람들은 무엇보다 무기력한 생각을 하게 되고, 그러한 생각은 더욱더 그들의 인생을 무기력하게 이끌어간다. 무기력한 생각은 무기력한 일을 만들기 때문이다.

스스로 생각하지 않으면 책에 있는 것들이나 타인이 발견한 것들을 배우고 익힌다고 해도, 그러한 것들이 우리의 지식이 되지도 않을 뿐만 아니라 인생에 피와 살이 되지 않는다. 인생에 피와 살이 될 수 있는 것들은 오로지 스스로 생각해서 얻어낸 것들이다. 파워 씽킹은 학생이 공부할 때도 필요하고, 직장인이 업무를 볼 때도 필요하다. 연구원이 연구할 때, 기업가가 기업을 운영할 때, 정치인이 정치할 때, 요리사가 요리를 할 때도 다 필요하다.

타인의 답과 지도를 따르면 된다는 안일한 생각을 버리는 순간 당신의 참된 인생이 시작된다.

생각 없이 사는 것은 참된 인생이라고 할 수 없다. 누군가가 이미 지나간 길이든 아니든, 누군가의 머리에서 나온 지도는 완벽한 자신의 인생이라고 할 수 없다. 남에게 답을 구하는 데 익숙해진 사람들만큼 나약한 사람은 없다. 자신을 믿고 스스로 답을 찾기 위해 생각하는 사람만큼 강한 사람은 없다. 결국, 나약하면 참된 인생을 개척해나갈 수도 없으며 자신만의 길을 찾아내지도 못한다. 그런 점에서 스스로 생각하는 습관은 자신의 길을 찾아내고 그 길을 가는 개척자의 특성이다.

인생 최대의 적은 바로 자신이다. 스스로 생각하기를 멈춘 자신, 평범하고 부정적이고 나약한 생각만 하는 자신이야말로 우리 인생의 최대의 적이며 걸림돌이다.

성실하고 근면한 사람 중에 대다수 사람이 가난한 노예와 같은 삶을 살며, 타인의 삶을 살게 되는 이유는 그들이 파워 씽커가 아니기 때문이다. 파워 씽커들은 지적으로 부지런하다. 열심히 생각하고 또 생각하기 때문이다.

자신의 인생에 주인이 되지 못하는 사람들 대부분은 육체적으로는 부지런하지만, 오히려 지적으로 게으르다. 지적으로 게으른 사람들은 생각하기를 거부하고, 생각하지 않는다. 자신이 스스로 생각하지 않으면 남의 인생을 살게 되거나 남이 제시하는 인생을 따라가며 살게 된다. 그리고 남의 인생을 사는 것만큼 최악의 삶을 찾아보기 힘들다. 현대인의 삶이 물질적으로 풍족한 것에 비해 비참해지는 이유가 이것이다.

특히 한국 사회는 더욱더 심하다. 부모가 기대하고 원하는 대로 사는 사람, 주위 분들이 좋아하는 예의 바르고 성실하게 사는 사람, 선생님이 좋아하는 모범생으로 사는 사람, 상사가 바라는 이상적이고 충실한 부하로 사는 사람 등이 그 예이다. 이러한 삶을 살아서 즐겁고 가슴 설레며 눈부신 미래를 맞이할 수 있다면 그것은 백두산을 오르면서 밍크고래를 만나기를 기대하는 것보다 더 큰 착각이다.

생각하지 않고 살면 결국 문제가 생긴다. 하지만 문제가 생겼다는 사실을 알게 되었을 때는 이미 너무 많이 남의 인생을 살았기 때문에 회복하기 어렵다. 명문대를 다니는 학생들이 어느 순간 문득 공허함을 느끼고 절망하는 이유가 그런 것이다. 어려서부터 부모의 말대로, 선생님의 조언을 듣고 살다가 어느 순간 돌아보니 자기 자신이 없는 것이다. 멋진 인생이 자신의 선택과 결단으로 이루어진 것이 아니라는 사실을 깨닫게 될 때 그 절망감은 이루 형언할 수 없을 것이다.

당신이 한 생각으로 선택하고 결단한 것만이 오롯이 당신의 참된 인생이 된다. 고대의 위대한 사상가인 마르쿠스 아우렐리우스가 남긴 위대한 명언을 우리는 명심해야 한다.

"인생은 그 사람의 생각이 만들어가는 것이다."

언어에는
생각이 담겨 있다

우리의 인생은 결국 생각에서 비롯되고 만들어진다. 이것이 인간의 불가사의가 아니고 무엇일까? 당신의 인생은 당신의 생각의 표현이다. 생각의 수준이 곧 인생의 수준을 결정한다.

어디에 가도 존중을 받고 높은 대우를 받는 사람이 있는 반면, 어디에 가도 무시를 당하고 낮은 대우를 받는 사람도 있다. 이 차이를 만들어내는 한 가지 원인은 '생각'이다. 우리는 생각만큼 대우를 받고, 영향을 끼칠 수 있다. 우리의 가치와 영향력과 에너지를 결정하는 것은 우리의 형편이나 지위가 아니라 우리의 생각이다.

당신이 열등감을 지니고 있다면 당신은 후자에 속하는 사람이 될 것이고, 그러한 인생을 스스로 만들어가게 된다. 열등감에서 벗어나, 스스로 자긍심을 느낀다면 당신은 지위나 형편과 상관없이 자긍심 높은 인생을 살아가게 될 것이다. 그것은 랠프 월도 에머슨의 말대로 '생각이 세계를 지배하고, 우리의 인생을 이끌어가기' 때문이다.

말은 곧 그 사람의 생각이 표출된 것이다. 그런 점에서 말을 바꾸면 인생이 바뀌는 것의 본질도 역시 생각이 먼저 바뀌었기 때문이다. 입버릇을 바꾸면 인생이 바뀔 수 있다고 말하는 것도 같은 원리이다. 생각하는 대로 말을 하므로, 그 사람의 언어 습관을 유심히 살펴보면 그 사람의 사고 수준을 짐작할 수 있다.

사고와 언어는 결국 그 사람의 행동과 감정을 끌어내는 강력한 도구이다. 그래서 우리의 사고를 말과 글로 좀 더 구체화하면 그 사고가 굳어진다. 사고는 언어가 되고, 언어는 다시 우리의 뇌에 각인된다.

사고는 언어를 이끌고,
그 언어는 우리의 인생을
이끌어간다.

말과 글, 언어는 결국 사고를 통해 현실에 나타나는 생각의 1차적인 결과물에 불과하다. 그리고 그 1차적인 결과물은 파도처럼 이어져서 2차 결과물을 계속해서 만들어내고, 결국에는 현실과 인생이라는 결과물을 만들게 되는 것이다.

사람의 언어는 결국 우리의 생각과 의식이 담겨 있고, 생각과 의식이 만들어내는 결과물이다. 《물은 답을 알고 있다》의 저자인 에모토 마사루江本勝 박사는 20년 이상 물에 관한 연구를 하였고, 그 결과 마음이 담긴 말에 물이 그대로 반응한다는 사실을 밝혀냈다. 사람의 말에 따라 생명의 기본 성분이라고 할 수 있는 물의 결정이 놀랍게 변화한다는 사실을 과학적으로 입증한 것이다.

우리의 생각과 의식이 모든 것을 만든다. 우리의 생각과 의식이 담긴 말에 따라 물의 결정체가 변한다. 우리가 '감사합니다.' '사랑합니다.'라는 말을 하게 되면, 물은 그 말을 듣고 '매우 아름다운 결정체'의 모양으로 변한다는 것이다. 반대로 '바보 같은 놈'이라는 말을 하게 되면, '보기 싫은 흉측한 결정체'를 만들거나 아무 반응을 보이지 않는다.

'천사'라는 말에는 '천사와 같은 아름다운 결정체의 모양'을, '악마'라는 말에는 '악마와 같은 흉측한 결정체의 모양'으로 변하는 물을 통해 우리는 파워 씽킹의 강력한 성과를 알 수 있다.

과거에 했던 생각이
당신의 현재 모습을 만든다

알렉스 파타코스Alex Pattakos의 《무엇이 내 인생을 만드는가》란 책을 보면 결국 삶이란 바꿀 수 없는 주어진 조건이나 운명이 아니라 우리 스스로 생각을 통해 선택하여 결정한 것들의 결과물이라는 사실을 알 수 있다. 그의 말에 따르면 자극과 반응 사이에는 빈 곳이 있다. 그 공간에 우리의 반응을 선택하는 자유와 힘이 있고, 그 반응에 우리의 성장과 행복이 달려 있다. 이 책은 '사는 방식이 산다는 것 자체보다 더 중요하다'라는 사실을 우리에게 일깨워준다.

자극과 반응 사이의 공간에는 선택하는 자유와 힘이 존재한다. 그 선택하는 자유와 힘의 본질은 생각에서 비롯된다. 동물은 단지 자극에 본능적으로 반응하기 때문에 그사이에 빈 곳이 없다. 하지만 인간은 생각할 힘이 있기에, 그 공간이 있는 것이다. 스스로 생각하지 않고 그저 살아가는 사람들은 스스로 선택하는 자유와 힘을 포기하는 것이다. 그러므로 생각하지 않고 그저 살아가는 삶은 너무나 많은 기회와 힘과 에너지를 사장해버리는 것이다.

돈이나 금은 조금이라도 잃어버리면 아까워서 어쩔 줄 모르면서, 그것보다 더 중요한 생각과 선택의 자유와 힘은 너무나도 많이 내다버리는 사람들이 많다. 그들은 자신이 그러고 있다는 사실조차 깨닫지 못한다. 많이 생각하고 잘 생각할수록, 파워 씽킹을 할수록 더 나은 현실을 창조해나갈 수 있다는 점에서 생각하지 않고 그저 살아가는 사람들은 인생에서 가장 큰 낭비를 하는 셈이다.

"인생은 우리가 온종일 생각하는 것으로 이루어져 있다."

랠프 월도 에머슨의 이 말처럼 우리가 온종일 생각하는 것으로 인생은 이루어지고 만들어지기 때문에 파워 씽킹을 하는 것이 가장 중요하다.

당신이 오늘 하는 생각은 내일 당신의 삶이 된다. 그러므로 오늘 긍정적이고 희망적이고 가슴 뛰는 목표에 관한 생각을 많이 한 사람이 부정적이고 무기력한 생각들과 실패와 가난에 관한 생각들을 많이 한 사람들보다 훨씬 더 성공적이고 희망적인 삶을 만들 수 있다.

우리가 성공을 생각하면 성공하게 되고, 실패를 생각하게 되면 실패하게 되는 것이다. 그러므로 우리가 무엇인가에 대해 걱정을 하고 두려움을 느끼게 되면, 그것은 그 자체에 대해 생각하는 것이 되기 때문에 그 걱정과 두려움의 대상은 현실이 되어 나타나게 되는 것이다.

골프 선수들이나 피겨 스케이트 선수들을 비롯하여 모든 스포츠 선수들이 중요한 경기 전날 자신이 실패하는 모습에 대해 걱정하고 두려워하게 되면 놀랍게도 경기 당일날 그와 똑같은 상황이 실제로 일어나게 된다. 그래서 스포츠 트레이너들은 경기 전날 선수들이 승리하는 자신의 모습을 상상하며, 승리와 성공에 관한 생각에만 집중하도록 의식적으로 마인드 컨트롤을 훈련한다.

오늘 당신의 모습은 어떤가? 사회 부적격자 혹은 낙오자의 모습인가? 아니면 세상을 이끌어가는 리더의 모습인가? 아니면 엄청난 부를 얻은 갑부의 모습인가? 아니면 월세금도 낼 돈이 없을 만큼 가난과 궁핍에 찌든 모습인가?

중요한 사실은 당신이 오늘 어떤 모습의 인생을 살고 있든, 그것은 바로 당신이 어제 했던 생각에서 비롯되었다는 점이다. 그러므로 내일 당신의 인생이 변화되길 원한다면 무엇보다 먼저 오늘 당신의 생각을 바꾸어야 할 필요가 있다.

세상에 공짜는 없다. 그저 아침이 되었으니까, 눈을 뜨고, 저녁이 되었으니까 또 집에 들어가서 잠을 자고, 이것을 반복하는 사람은 어제와 다른 내일을 만들 수 없다. 세상은 정확하다. 당신의 생각이 어떠한지 평가한 후, 그 생각과 동일한 것으로 당신에게 제공해준다.

나약하고 부정적이고 수동적으로 하는 생각은 우리의 일상을 벗어나지 못하고, 현실이라는 틀 속에 갇힌 인생만을 살게 해준다.

2008년 8월 방송된 〈인간의 두 얼굴, 1부 상황의 힘〉이란 다큐멘터리에서는 한 실험의 결과를 보여준다. 위급한 화재의 순간을 혼자 겪은 사람의 경우에는 놀랍게도 다른 사람을 의지할 수 없으므로 스스로 생각하고 위기에서 성공적으로 탈출할 수 있었지만, 여러 사람이 위급한 화재의 순간에 있게 되면 서로서로 의지하면서 다른 사람의 행동에 그저 동조해버리고, 생각하지 않은 채 그저 맹목적으로 따르는 사람이 되어, 성공적으로 탈출하지 못하고 함께 위기를 맞게 된다.

9·11 테러 당시에도 같은 현상이 일어났다. 같은 층에서 함께 일하고 있던 많은 사람이 건물 밖으로 나가는 것은 위험할 수 있다는 방송에 따라 서로서로 의지하며, 얌전하게 자신의 자리에 머물면서 일을 지속했다.

다른 사람의 행동, 조용히 앉아서 일을 계속하는 것에 동조해버린 것이다. 하지만 그들 중에서 냉철한 판단을 하는 사람들은 스스로 상황을 해석했다. 그 상황이 평범한 상황이 아니라고 생각한 덕분에 그들은 생명을 구할 수 있었다.

현실과 상황의 힘에 굴복당하는 많은 사람은 결국 스스로 생각하며 살지 않는 사람들이다. 스스로 생각하며 사는 사람들은 어떤 상황 속에서도 자신이 어떤 행동을 하고, 어떤 길을 선택할 것인지를 스스로 결정한다. 그리고 그러한 결정들은 그들의 생명을 사지에서 구해 내는 결정적인 계기가 되어주는 것이다.

우리가 한 생각이 우리의 인생이다. 생각의 수준이 높을수록, 강력할수록 더 안전하고 더 행복하고 더 부유한 인생을 만들 수 있다.

Small Tips for
POWER THINKING

1. 생각을 바꿈으로써 현실에 변화를 일으키는 현상은 학교, 회사, 가정 등 모든 조직에서 찾을 수 있다.

2. 스스로 답을 찾고 스스로 지도에 길을 내는 사람만이 자기 인생의 주인으로 살아간다.

3. 인생은 스스로 생각하고 선택하고 결정한 일들의 결과이다. 결국, 삶 자체보다 사는 방식이 더 중요하다.

잠재의식을 깨우는 것이 성공의 열쇠이다

“상상만 해도 실력이 향상된다.
상상만 해도 몸과 마음이 치유된다.”
—이안 로버트슨

생각은 이 세상에서 가장 강력한 에너지이며 무한한 능력이 숨겨져 있는 잠재의식을 깨우는 스위치이다. 스위치가 켜지면 우리가 의식하지 못하는 사이에 잠재의식이 작동한다. 그 결과 우리는 생각이 가리키는 상황을 끌어들이게 되고, 만들게 된다.

잠재의식을 깨우는 것 중에서도 가장 큰 효과가 있는 것이 긍정적인 생각이다. 그래서 수많은 자기계발 작가와 동기 부여 전문가들은 무엇보다 긍정의 힘을 강조한다. 저명한 저술가이자 '만인의 성직자'로 불리는 탁월한 동기 부여 연설가였던 노먼 빈센트 필은 긍정석인 생각을 통해 삶을 회복할 수 있다고 말한다.

그의 말에 따르면 긍정적이고 적극적인 생각은 우리 주변에 그런 결과를 낳기 적합한 환경을 조성한다. 반대로 부정적이고 소극적인 생각은 부정적이고 소극적인 결과를 낳는 환경을 조성한다. 우리가 처한 환경을 바꾸려면 우선 이전과는 다른 방식으로 생각해야 한다. 환경이 만족스럽지 않다면 그것을 그냥 수동적으로 받아들이지 말고, 개선된 모습을 마음속에 한 장면으로 적극적으로 새겨야 한다. 그 영상을 붙들고 세세한 부분까지 정밀하게 그려간다. 그 모습을 믿고 기도하며, 그것을 이루기 위해 일해야 한다. 이것이 우리가 머릿속 이상적인 모습을 현실로 만들어가는 과정이다.

세상을 움직이는 힘과 우리의 인생을 도약시킬 힘은 우리의 잠재의식 속에 있다. 그러므로 잠재의식을 깨우는 자가 이 세상을 이끌어갈 수 있다. 우리가 믿는 그대로 이루어지는 것은 믿음 그 자체가 강력하고 큰 긍정적 사고이기 때문이다. 긍정적 사고는 곧 파워 씽킹이다.

잠재의식은
실제로 몸을 변화시킨다

마음속으로 생각하는 것이 잠재의식을 깨울 뿐만 아니라 육체도 단련시켜준다는 사실을 아는가?

미국 시카고대학교 연구진은 농구부 학생들을 세 그룹으로 나누어 한 달 동안 각각 다른 방법으로 연습하도록 했다. 첫 번째 그룹은 연습을 하지 않고 그냥 있도록 했다. 두 번째 그룹은 매일 농구공을 잡고 자유투를 연습하게 시켰다. 세 번째 그룹은 농구공을 잡지 않게 하면서, 동시에 마음속으로 자유투 연습하는 것을 상상하며 생각만 하게 했다.

30일이 지났다. 결과는 어떻게 되었을까? 어느 그룹의 학생들이 가장 많이 실력이 향상되어, 자유투 성공률이 높아졌을까? 실제로 손과 몸을 움직여 농구 연습을 한 두 번째 그룹과 생각만으로 연습을 한 세 번째 그룹의 자유투 성공률이 비슷하게 향상된 것으로 나왔다. 두 번째 그룹과 세 번째 그룹 모두 20% 이상의 성공률 향상을 보였다. 반면에 첫 번째 그룹은 전혀 자유투 성공률이 향상되지 않았다. 이 실험은 생각만 해도 실력이 향상된다는 사실을 말해준다. 이 실험은 우리에게 시사하는 의미가 매우 크다. 매일 땀을 흘리고 몸을 움직여 자유투를 연습한 사람들과 공 한 번 만져보지 않고 마음속으로 생각하며 연습한 사람들이 거의 같은 성공률을 보인 것은 생각이 우리의 몸과 잠재의식을 깨운다는 것을 의미할 뿐만 아니라 직접적인 영향을 미친다는 사실을 증명한다.

농구 연습을 하는 자신을 날마다 생각하게 되면, 우리의 몸과 잠재의식은 실제로 연습을 한 것이라고 인식을 하고, 그에 상응한 반응과 변화가 일어나게 된다. 실제로 생각이 물리적으로 우리 몸을 창조하고 바꾼다. 이처럼 우리가 '나는 할 수 있다' '나는 최고다'라고 날마다 생각하게 되면, 우리의 몸과 정신과 잠재의식에는 실제로 생각에 상응하는 반응과 변화가 일어나게 된다. 그 결과 '최고의 나'를 만들어낸다. 그 결과 없던 재능이나 능력이 고개를 들고 싹을 틔우게 되는 것이다. 그래서 자신도 미처 몰랐던 재능이나 능력을 발견하고서는 놀라게 된다. 위대한 예술가들이나 천재들조차도 자신이 엄청난 작품을 창작한 후에는 자신이 그것을 했다는 사실에 대해 놀라는 경우가 적지 않다.

의식보다 더 힘이 세고,
우리에게 더 큰 영향을 끼치는 것이

잠재의식이다.

이 잠재의식을 조종하고 깨우는 것이 파워 씽킹이다. 무한한 가능성의 원천인 잠재의식을 깨울 때 우리는 '죽었다 깨어나도 하지 못하리라' 생각하는 것들을 해낼 수 있게 된다.

생각은 우리의 능력을 발휘하지 못하도록 하는 걸림돌이 될 수도 있고, 반대로 우리의 능력을 최대로 발휘하는 원동력이 될 수도 있다. 이러한 사실을 잘 알게 해주는 사례가 있다.

러시아의 역도 선수인 바실리 알렉세예프는 매년 신기록을 경신하는 것으로 매우 유명한 역도 선수였다. 역도계의 떠오르는 신성으로 사람들의 많은 사랑과 주목을 받았던 그의 신기록 행진은 정확히 250kg에서 멈추었다. 249.5kg의 역기는 거뜬하게 들어올리면서도, 250kg 역기는 좀처럼 들어 올리지 못했다. 왜 그랬을까? 오래전부터 많은 학자와 의사들은 이렇게 주장했다.

"인간이 들 수 있는 무게의 한계는 250kg이다."

바실리 알렉세예프는 이 말에 노출되었고, 알게 모르게 자신의 잠재의식에 그 말이 각인되어버렸다. 인간은 250kg를 들어 올릴 수 없기 때문에, 기록은 249.5kg에서 멈추었던 것이다.

이러한 내력을 잘 알고 있었던 어느 심리학자는 그에게

251kg의 역기를 249.5kg이라고 속인 뒤에 연습하게 했다. 놀랍게도 바실리는 평소와 다름없이 봄을 푼 뒤에, 그 역기를 거뜬하게 들어올려 버렸다. 몇 번이나 쉽게 들어 올린 뒤에, 그는 진실을 알게 되었고 충격을 받았다. 바실리는 <u>스스로 할 수 없다</u>고 생각하는 것이 얼마나 큰 부정적인 영향을 미치는지를 확실하게 깨닫게 되었다. 그는 생각의 힘이 얼마나 강력한지 몸으로 느꼈고, 역도에 그 생각을 적용하여 그 이후로도 수십 차례나 더 신기록을 경신한 위대한 선수가 되었다.

모든 실력과 성과는 파워 씽킹에서 시작된다.

<u>스스로</u>를 위대하게 만드는 힘의 원천은 우리 자신 안에 존재하는 생각이다. 자신을 별 볼 일 없는 시시한 존재로 만드는 최대의 주범도 역시 생각이다. 우리 자신을 거인으로 만드는 것도, 아니면 소인배로 만드는 것도 모두 우리의 생각이다.

이언 로버트슨Ian Robertson이 쓴 《상상하라! 그대로 이루어진다》라는 책에는 세계적인 운동선수들의 경우에는 대다수가 상상 훈련, 즉 파워 씽킹을 통해 기술과 힘을 연마하고 있다고 강조했다. 상상으로 훈련하게 되면 신체를 움직여 훈련하는 것

과 마찬가지의 효과를 올릴 수 있다.

잠재의식의 힘을
최대로 끌어내려면

특정한 신체 부위의 기술을 연마하여 뇌의 변화를 유도하는 연구를 보면, 상상이 실제로 몸을 움직이는 것과 같은 효과를 내는 원리를 이해할 수 있게 된다.

하버드 의과대학교의 메디컬센터 센터장인 알바로 파스쿠알-레오네Alvaro Pascual-Leone는 이와 관련해 놀라운 일을 해냈다. 그는 '인간은 단지 상상만으로도 뇌의 해부학적 구조를 바꿀 수 있다'라는 사실을 밝혀냈다.

뇌가소성 혁명이 일구어낸 인간 승리의 기록들을 담은 책 《기적을 부르는 뇌》를 보면 이런 사실을 자세히 알 수 있다. 스페인의 위대한 신경해부학자이자 노벨상 수상자인 산티아고 라몬 이 카할Santiago Ramon y Cajal은 생각이 뉴런 연결을 강화하고, 새로운 연결을 만들어내는 것이 틀림없다고 주장했다. 하지만 라몬 이 카할은 자신의 이런 주장을 증명할 수단이 없었다. 파스쿠알-레오네는 생각이 실제로 신체석 변화를 일으킬 수 있는지 없는지를 알 수 있는 실험을 통해 이런 사실을 입증해 보였다.

그는 피아노를 배운 적이 없는 두 집단의 사람들에게 일련의 멜로디를 가르치는 실험을 했다. 이 실험에서 놀라운 사실은 첫 번째 그룹 피실험자들은 실제로 피아노 건반을 치지 않고, 상상으로만 하루에 두 시간씩 5일 동안 멜로디를 연주한다고 생각하게 하면서, 멜로디를 듣게 했고, 두 번째 그룹은 하루 두 시간씩 5일 동안 실제로 곡을 연주하면서 훈련하게 했다.

첫 번째 그룹은 '생각만 하는 정신 훈련 집단'이었고, 두 번째 그룹은 '실제로 연주하는 신체 훈련 집단'이다. 과연 생각만으로도 훈련 효과나 연습 효과가 나타날 수 있을까? 결과는 놀라웠다.

두 집단 모두에게서 뇌 지도의 변화가 유사하게 나타난 것을 발견했다. 즉 놀랍게도 정신 훈련만으로 실제 곡을 연주할 때와 똑같이 운동계 안에 물리적 변화가 일어난 것이다. 5일이 지났을 때, 근육으로 보내는 운동 신호에서의 변화는 양 집단에서 똑같았고, 상상 연주의 정확도는 실제 연주가 3일째에 보여주었던 정확도와 같았다.

인간은 단순히 상상만으로 뇌를 변화시킬 수 있다. 그 이유는 신경과학의 관점에서 보면, 어떤 행동을 상상하는 것과 그 행동을 하는 것은 생각만큼 다르지 않기 때문이다. 뇌 스캔을 해보면, 생각할 때 뇌의 많은 부분이 실제로 행동할 때와 같게 활성화된다. 바로 이런 이유에서 근육을 사용하는 상상이 실제로 근육을 강화하게 만드는 것이다.

생각은 실력과 성과를 좌우한다. 상상만 해도 실력이 향상된다. 이것이 파워 씽킹의 위력이다. 뇌는 몸과 마음에 모두 연결되어 있다. 몸이 움직이면 뇌가 반응하듯, 마음이 움직이면 또한 뇌가 반응한다. 몸과 마음은 뇌를 통해 연결되어 있으므로 몸과 마음은 별개의 것이 아니라 하나다.

우리가 마음속에 새로운 이미지를 그려넣고 상상만 해도 실력이 향상되고, 몸과 마음이 치유되고, 기분이 좋아지는 것은 잠재의식의 힘이 작용했기 때문이다. 그렇다면 구체적으로 어떻게 해서 잠재의식이 우리에게 큰 영향을 미칠 수 있을까?

잠재의식에 대해 잘 알 수 있는 책이 있다. 바로 조셉 머피의 《잠재의식의 힘》이다. 그는 모든 시대의 위인들은 자신의 내면에 숨겨진 잠재의식의 힘을 찾아내어 그 힘을 발휘할 줄 알았다고 주장한다. 그리고 우리도 그들과 똑같이 할 수 있다고 역설했다.

우리가 생각을 바꾸면 운명마저 바뀌게 되는 이유가 잠재의식이 그 사이에서 작동하기 때문이다. 그래서 머피는 미래를 좌우하는 것은 바로 지금 우리의 생각이며 마음속으로 상상하는 것이 실제로 경험하게 될 것이라고 피력했다.

그의 말에 따르면, 직장에서 승진하고 싶으면 먼저 고용주나 상사, 혹은 연인이 자신의 승진을 축하해주고 있는 장면을 상상한다. 그 장면을 생생하고 실감나게 마음속으로 그림을 그려야 한다. 사람들의 목소리를 듣고 몸짓을 보며 마치 장면 속에 들어가 있는 것처럼 현실적으로 느껴야 한다. 머피는 이 연습을 자주 계속하면, 우리의 마음속에 그 장면이 가득 차게 되며 결국 현실로 이루어지는 경험을 할 수 있다고 한다.

이렇게 되는 것은 잠재의식이 작동하기 때문이다. 결국, 우리의 잠재의식을 깨워서 작동하게 하는 것은 우리의 강력한 생각과 상상이다. 우리의 미래는 곧 생각의 잠재의식화이다.

머피의 주장은 다음과 같다. 우리의 미래는 지금 우리 마음속에 있으며, 그것은 우리의 습관적인 사고와 신념에 따라 결정된다. 무한한 지성이 우리를 인도해줄 것이고, 모든 좋은 것은 우리 것이며, 우리 미래는 눈부시리라고 단언해야 한다. 그것을 믿고 받아들여라. 최고의 것을 기대하면, 반드시 그것이 우리에게 일어난다.

이렇게 놀라운 잠재의식은 그것을 믿는 자에게만 작동하고 움직여준다. 즉 파워 씽킹을 할 수 있는 사람만 작동하고 움직일 수 있다.

톰 버틀러 보던Tom Butler-Bowdon은《내 인생의 탐나는 자기계발 50》이란 책에서 잠재의식은 우리가 습관적으로 하는 생각과 행동에 반응한다고 피력했다.

그는 잠재의식이 습관적인 행동과 생각에 반응한다고 말한다. 잠재의식은 윤리적인 면에서는 완전히 중립이며 좋든 나쁘든 일상의 습관을 모두 받아들인다. 우리는 잠재의식 속에 부정적인 생각을 떨어뜨리고는 그것이 일상 속에서 문득 드러날 때마다 깜짝깜짝 놀라곤 한다. 우리가 아무런 역할을 하지 않은 일도 일어나기는 하지만 실제로 그런 경우는 극히 드물다. 우리에게 일어나는 대부분의 나쁜 일들은 이미 잠재의식 속에 떨어진 씨앗이라고 볼 수 있다. 즉 현실에서는 나쁜 일이 일어날 위험이 언제나 도사리고 있는 가혹한 상황인 것이다. 그러나 잠재의식을 잘 인식하면 돌파구도 마련할 수 있다. 우리의 생각과 생각에 영향을 미치는 이미지를 조절함으로써 우리 자신을 새롭게 만들 수 있기 때문이다.

우리는 모두 누구나 무한한 잠재능력을 갖추고 있는 이 세상의 주인공이다. 우리 내면에 있는 무한한 잠재능력을 깨울 수 있고, 제대로 방향을 잡아줄 수 있다면 우리는 원하는 무엇이든 소유할 수 있고, 바라는 일은 무엇이든 성취할 수 있다. 평생 잠재의식의 힘을 이용하는 사람은 어마어마한 일을 해낼 수 있다.

Small Tips for
POWER THINKING

1. 긍정의 힘은 우리의 의식과 무의식 사이에 있는 잠재의식을 깨우는 스위치이다.

2. 상상으로 훈련하더라도 실제로 신체를 움직여 훈련한 것과 같은 효과를 낸다.

3. 잠재의식은 습관적인 행동과 생각에 반응한다.

생각 혁명이
곧 인생 혁명을 부른다

"우리 세대의 가장 위대한 발견은 인류가 생각을 바꿈으로써
삶을 바꿀 수 있다는 사실이다."
—윌리엄 제임스

우리는 생각하고 있는 그대로의
우리 자신이 된다. 그러므로 전혀 다른 사람이 되고 싶다면 전혀
다른 강력한 생각을 해야 한다. 윌리엄 제임스는 우리 세대의 가
장 위대한 발견으로 인류가 자신들의 마음의 태도(생각)를 바꿈
으로써 삶을 바꿀 수 있다는 사실을 꼽았다. 새로운 인생을 살고
자 한다면, 새로운 강력한 생각을 해야 한다.

생체심리학 박사이자 신경과학자인 에릭 헤즐타인Eric
Haseltine은《생각의 빅뱅》이란 책에서 혁신은 우리 바깥이 아닌,

우리의 내면에 존재한다고 역설하면서, 창조와 혁신의 진원지인 우리 두뇌가 어떤 방식으로 작동되고 있는지를 보여준다. 그리고 모든 진보와 혁신은 두뇌 안에서 시작되고 끝난다고 강조한다. 기회를 포착하는 것, 가능성을 만드는 것, 그리고 실현의 즐거움을 맛보는 것은 모두 두뇌이므로 혁신은 우리 바깥이 아니라 우리 안에 존재한다는 것이다.

그의 주장처럼 모든 진보와 혁신은 우리 안에서 시작된다. 그것은 바로 생각이란 형태로 우리는 내면에 존재하는 것을 외부로 끌어내고, 현실로 창조하게 되는 것이다. 생각의 빅뱅은 무엇이든 의문을 가지는 물음표에서 시작해서, 그 물음표를 해결해 내는 끊임없는 생각을 통해 해답을 얻게 되어 비로소 우리가 느끼는 느낌표로 끝난다. 이것이 바로 인터러뱅interrobang이다.

인터러뱅은 물음느낌표(?!)로서, '의구심'과 '놀라움'이 공존하는 대단히 역설적인 부호이다. 이것은 1962년 미국 광고 에이전시 사장인 마틴 스펙터에 의해 최초로 만들어졌다. 인터러뱅은 '수사학적 질문'과 '교차시험'을 의미하는 라틴어 'interrogatio'와 감탄을 의미하는 은어 'bang'을 합쳐 만든 말이다.

현대자동차가 찾아낸
인터러뱅

인터러뱅의 대표적인 사례로 현대자동차를 들 수 있다. 현대자동차는 고객들의 구매 불안 요소를 발견하고 물음표를 던졌다.

'왜 자동차를 구매하는 것을 주저할까?'

'왜 새 자동차를 구매하는 것을 중간에 포기할까?'

'왜 버젓이 직장이 있는 사람들도 새 차를 사지 않을까?'

그 결과 현대자동차는 한 가지의 깨달음을 얻게 되었다. 그것이 바로 느낌표였다. 현대자동차가 깨달은 것은 신차 구매를 망설이거나 포기하는 직장인이 가장 두려워하는 것이 신차를 할부로 구매한 후 실직하게 되는 상황이라는 사실이었다. 현대자동차는 이러한 느낌표를 토대로 하여 직장인을 대상으로 하여 '신차 구매 후, 1년 이내 실직하면 자동차를 되사주는 어슈어런스 프로그램'을 과감하게 실행했다. 실직한 새 차 구매자들을 대신해서 3개월 동안 자동차 할부금을 대신 갚아주는 어슈어런스 플러스도 제공했다. 그 결과는 매우 놀라웠다.

2009년 경쟁 업체였던 미국의 막강한 자동차 회사인 포드와 GM의 판매량이 32%, 40%로 각각 급감했다. 그러나 현대자동차는 달랐다. 2009년 8월 현대차는 전해 같은 기간보다 47%나 급증해 6만 467대나 판매했다. 어슈어런스 프로그램 덕분에 현대자동차는 미국 자동차 시장에 진출한 이후 최대의 판매량 기록을 세웠다.

현대자동차의 인터러뱅은 구매 불안의 물음표(새 차를 샀는데 실직하면 어떻게 되지?)를 안심 구매의 느낌표(괜찮아! 현대자동차는 실직자의 차를 되사주거나 대신 할부금을 지급해줘!)로 변화시켰다. 자동차 구매 후 실직하면 차를 되사준다는 남과 다른 생각, 강력하고 큰 생각이 새로운 자동차 판매 프로그램을 창조해낸 것이다.

상상을 훌쩍 뛰어넘어 믿기지 않을 정도의 발견을 하고, 인생을 혁명하고, 놀라운 성공을 해내고, 기절할 만큼의 기쁨과 환희와 감동을 선사해주는 감탄사, 인터러뱅의 본질은 바로 '남과 다른, 강력하고 큰 생각'이다. 인터러뱅 속에 숨어 있는 창조의 원리는 한마디로 무엇이든지 물음표를 던져 생각하라는 것으로 시작된다. 그 물음표를 해결하기 위해 끊임없이 생각하고 생각하여, 남다른 생각, 강력한 생각, 더 큰 생각에 이르는 것이다. 그 결과 결국에는 느낌표를 찾아내는 것, 바로 그것이 인터러뱅의 창조 원리이다.

똑같은 일을
다른 관점으로 바라보기

　남들이 보지 못하는 것들을 보고, 듣지 못하는 것을 듣고, 생각하지 못하는 것들을 생각하는 것이 파워 씽킹의 핵심이다. 결국, 생각하지 않고 그저 살아가는 사람들은 남들이 다 보는 것도 보지 못하고, 남들이 다 듣는 것도 듣지 못하고, 남들이 다 생각하는 것도 생각하지 못하지만, 생각하며 사는 파워 씽커들은 남들이 보지 못하는 것까지도 다 보고, 듣지 못하는 것까지도 다 듣고, 생각하지 못하는 것까지도 다 생각해낸다.

　분노 없이 즐기는 성공 습관 다룬 시마즈 요시노리島津良智의 《화내지 않는 기술》이란 책을 보면, 마음(생각)을 바꾸면 인생이 몰라보게 변한다는 사실을 잘 설명해주고 있다.

　책에서는 연인과 헤어진 상황을 어떻게 받아들이느냐 하는 문제를 예로 든다. 실연을 한 상황에서 '그 사람과 헤어져서 절망스럽고 우울하다'라고 생각하는 사람과, '헤어졌지만 괜찮아. 앞으로 더 좋은 사람을 만나서 훨씬 행복한 날이 올 거야'라고 생각하는 사람이 있다. 같은 상황을 어떻게 인식하느냐의 차이에 따라 미래가 확연히 달라진다는 것이다. 저자는 "정확하게 말해 당신이 과거의 실연을 받아들이는 방법에 따라 '나쁜 과거'도 '좋은 과거'가 될 수 있다는 의미"라고 말한다.

똑같은 일에 대해서도 우리는 생각을 바꿈으로써 전혀 다르게 세상을 바라볼 수 있고, 다른 인생을 창조할 수 있다. 파워 씽커들은 다르게 생각하고 다른 결과와 다른 인생을 창조해나간다. 세상과 사건에 관한 생각과 인식이 바뀌면 행동과 자세도 바뀌게 된다. 결과적으로 살아갈 인생이 달라진다.

인생을 결정짓는 것은 환경이나 조건이 아니라 생각이다. 눈앞의 상황이나 형편과 처지가 내일을 결정짓는 것이 아니라 어떻게 인식하고, 받아들이느냐에 따라 내일이 결정된다.

술주정뱅이에, 폭력을 행사하는 아빠 밑에서 매일 매를 맞으며 지냈던 두 형제가 있었다. 허구한 날 술만 마시고, 자녀들에게 못된 짓만 시키고, 폭행까지 밥 먹듯이 하는 자격 미달의 아빠 밑에서 10년 넘게 자란 두 형제는 성인이 되어 어떻게 변했을까?

한 명은 자신의 아버지와 별반 다르지 않은 그런 술주정뱅이에 자녀들에게 폭력이나 행사하는 그런 못난 아버지로 성장했다. 하지만 다른 한 명은 자신의 못난 아버지 밑에서 매일 매를 맞고, 학원에 갈 돈도 없고, 책을 살 돈도 없을 만큼 찢어지게 가난하게 살았던 것이 믿기지 않을 정도로 학식과 인품을 갖춘 변호사로 성장했다. 똑같이 폭력과 가난과 궁핍과 최악의 환경에 노출되어 살았던 두 형제의 인생이 왜 이렇게 상반된 결과를 보이는 것일까?

이들의 인생을 차이 나게 만든 것은 '생각'이다. 한 명은 날마다 이런 생각을 했을 것이다.

'아버지가 맨날 저렇게 술 먹고 우리를 때리기만 하니, 내가 어떻게 훌륭한 사람이 될 수 있어! 나도 몰라! 나도 사는 게 싫어! 될 대로 돼라.'

이러한 생각을 한 결과 그 사람은 인생을 자포자기하는 길을 가게 된다. 반면에 또 다른 한 명은 날마다 파워 씽킹을 했다.

'아버지가 맨날 저렇게 술 먹고 우리를 때리지만 나는 절대로 저런 사람이 되지 않을 거야! 더 열심히 공부하고, 더 열심히 노력해서 반드시 훌륭한 어른이 되고, 훌륭한 아버지가 될 거야!'

남과 다른 강력하고 큰 생각, 파워 씽킹은 결국 멋진 엘리트 변호사라는 인생을 창조했다.

평생 징징대고, 불평만 하고, 죽는소리나 하고, 이 모든 불행과 실패가 못난 부모 때문이고, 더러운 세상 때문이라고 남 탓만

하고, 세상 탓만 하는 사람들은 이제 멈추어야 한다. 자신의 인생은 스스로 만드는 것이기 때문이다.

플러스 발상법으로
생각을 바꾸자

파워 씽커들은 모두 생각의 전환, 발상의 전환 고수들이다. 생각의 전환, 발상의 전환을 통해 우리는 얼마든지 완전히 다른 삶을 살아갈 수 있다. 가령 항상 좋은 쪽으로만 생각하는 플러스 발상을 연습하고 이것이 습관이 된 사람들은 그 누구보다도 더 행복하고 즐거운 삶을 살아갈 수 있게 된다.

기와키타 요시노리川北義則의 저서인《인생의 즐거움을 발견하는 법》을 보면 즐겁고 신명 나게 살아갈 방법들에 대해 잘 알 수 있다. 그중에서도 가장 으뜸이 되는 방법이 '생각 바꾸기'이다. 생각을 바꾸는 방법은 '플러스 발상'을 하는 것이다.

플러스 발상이란 모든 것을 긍정적·발전적으로 생각하는 것을 말하는데, 하루야마 시게오春山茂雄가《뇌내혁명》에서 소개한 개념이기도 하다. 하루야마 시게오는 플러스 발상을 하면 뇌 속에서 베타 엔도르핀이 분비되어 기분이 좋아진다고 했다. 플러스 발상의 효과는 의학적으로 입증되었지만 의식적으로 실천해야 하는 생각법이다. 인간은 어떤 문제 상황을 접하면 무의식 중에 부정적인 면을 먼저 파악하는 성향이 있다. 플러스 발상은 이런 성향을 긍정적으로 끌어주는 역할을 하기 때문에 플러스 발상을 활발하게 하면 인생이 항상 좋은 쪽으로 향하게 된다. 플러스 발상을 자주 하려면 의식적으로 그렇게 생각하는 습관을 들여야 한다.

우리가 잘 알고 있는 플러스 발상의 예는 컵에 남은 절반의 물에 대한 것이다. 보통 사람들은 '이제 절반 밖에 물이 안 남았다'라고 생각하며, 이미 사라진 물에 대해 아쉬워하고, 섭섭해하며, 결핍된 생각을 한다. 하지만 플러스 발상을 하는 사람들은 현재 존재하는 물에 대해 풍요의 생각을 한다. 그래서 '아직도 절반이나, 절반씩이나 물이 남아 있다'라고 생각하며, 풍요와 넉넉함에 대해 생각한다. 이렇게 플러스 발상을 하는 사람들은 또 다른 파워 씽커인 셈이다.

어느 측면에 집중해서 생각하느냐에 따라 우리의 의식은 궁핍과 결핍이라는 사고의 틀 속에 갇힐 수도 있고, 반대로 풍요와 넉넉함을 창조할 수도 있다. 플러스 발상은 가난보다는 부유함에 초점을 맞추고 있는 사고법이다. 물이 높은 데서 낮은 곳으로 자연스럽게 흘러가듯, 보통 사람들은 자연스럽게 유에서 무로, 있는 것에서 없는 것으로 사고의 초점이 흘러가지만, 파워 씽커들은 다르다. 아직도 남아있는 컵의 물에, 아직도 남아있는 13척의 배에 초점을 맞춘다.

**파워 씽커들은
플러스 발상을 한다.
파워 씽커들은 무가 아닌
유에 초점을 맞춘다.**

부익부 빈익빈과
마태 효과

부익부 빈익빈도 파워 씽킹의 원리를 잘 말해준다. 좋은 일을 생각하면 좋은 인생이 되고, 나쁜 일을 생각하면 나쁜 인생으로 흘러가게 된다. 그러니까 항상 좋은 일을 생각해야 하고, 좋은 측면에만 집중해야 한다.

전 세계 부의 대부분을 보유하고 있는 유대인은 '없는 것'이 아니라 '있는 것'에 더욱더 집중한다. 그들은 이렇게 생각한다.

'오른팔이 잘리거든 왼팔이 남아있으니까 괜찮다고 생각하고 감사하라. 왼팔마저 잘리거든 아직 다리가 남아있으니까 괜찮다고 생각하고 감사하라. 양다리마저 잘리게 되거든 목은 그래도 아직도 남아있으니까 살아 있음에 감사하라. 목마저 잘리게 되거든 이미 당신의 인생은 존재하는 것이 아니므로 아무것도 생각할 필요가 없다.'

유대인의 사고방식은 아주 독특하다. 그들은 자신이 가지고 있지 않은 것은 생각하지 않는다. 지금 현재 가지고 있는 것에 대해서만 생각하고, 그것에 집중하기 때문에 신에게 진심으로 감사를 올린다. 그 결과 그들은 더 많이 가지게 된다. 이것이 바로 '마태 효과Matthew effect'이다.

마태 효과란 "무릇 있는 자는 받아 풍족하게 되고 없는 자는 그 있는 것까지 빼앗기리라"라는 성경의 〈마태복음〉 25장 29절 말씀에 착안하여 만들어진 효과로, 사회와 경제 분야뿐 아니라 정치, 교육, 생물 분야에서도 이 현상과 동일한 효과가 발생하고 있다는 사실에 대해 활발하게 연구가 진행되고 있다. 1968년 미국의 유명한 사회학자인 컬럼비아대학교의 로버트 킹 머튼

Robert King Merton 교수가 '가진 자는 더욱 많이 가지게 되고, 없는 자는 더욱 빈곤해지는 현상'에 대해 분석하면서 이 용어를 만들게 되었다.

마태 효과는 생각의 법칙에서 더욱더 확실한 효과가 나타난다. 생각이 풍요와 성공과 성장과 발전에 초점을 맞추게 되면 더욱더 성장하고 부유해진다. 수많은 사람 중에서 위대한 업적을 성취하고 큰 성공을 거둔 사람들을 보면 모두 이러한 생각의 마태 효과를 경험한 사람들이다.

흑인 여성으로서 엄청난 부와 성공을 만든 오프라 윈프리 Oprah Winfrey의 어린 시절과 청소년 시절의 삶이 얼마나 큰 시련과 아픔과 상처로 얼룩진 삶이었는지 우리는 너무나 잘 알고 있다. 수많은 흑인 여성뿐만 아니라 전 세계의 여성들로부터 성공 모델로 여겨지고 있는 오프라 윈프리는 자신의 불행했던 과거, 아픈 상처, 인종적 약점, 교육적 약점 등을 모두 극복하고 당당히 성공을 이룬 여자이다.

그녀는 흑인이었고, 사생아였고, 가난했고, 미혼모였고, 뚱뚱했다. 그녀는 외모 때문에 첫 번째 직장에서도 쫓겨나는 수모를 당해야 했다. 그녀는 첫 직장에서 일을 못 한다고, 얼굴이 TV에 어울리지 않는다고 실직당하면서도 포기하지 않았다. 도전을 포기하지 않게 해주고, 결국 성공하게 해준 것은 파워 씽킹이었다.

그녀는 태어나자마자 부모에게 버림받았고, 늘 가난과 궁핍에 시달렸으며 불행한 환경 속에서 너무나 아픈 상처와 고난을 겪으면서 자랐다. 14살에는 미혼모가 되었지만, 그의 아들이 2주 후에 죽는 고통을 겪었다. 그녀는 훗날 자신의 토크쇼에서 "이렇게 절망적인 세월을 견뎌내느니 차라리 죽고 싶다고 생각했다"라고 고백할 정도로 힘들고 불행한 날들을 보냈다.

하지만 그녀는 책을 통해 점차 희망과 용기를 얻게 되었다. 무엇보다 그녀는 파워 씽킹을 할 수 있게 되었다. 누구라도 노력하고 도전하고 포기하지 않는다면 자신이 원하는 것을 이룰 수 있다는 강력하고 큰 생각을 하게 되었다. 파워 씽킹은 그녀가 포기하지 않고 도전하게 해주었다. 그 결과 그녀는 누구보다 더 큰 성공을 할 수 있었다. 그녀는 위대한 파워 씽커였다. 그녀가 파워 씽커였다는 증거는 이 한마디로 충분하다.

"나는 미래를 바라보았다. 너무 눈부셔서 눈을 뜰 수 없었다."

미국에서 가장 유명한 동양인 배우였던 이소룡을 만든 것도 바로 파워 씽킹이었다. 아무도 그가 미국에서 가장 유명한 동양인 배우가 되리라 생각하지 않았다. 하지만 이소룡은 스스로 다음과 같이 자기확언을 했다.

"나는 1980년에 미국에서 가장 유명한 동양인 배우가 되어 있을 것이다."

그는 비록 세상을 떠났지만, 1980년 당시 미국에서뿐만 아니라, 지금 전 세계에서 가장 유명한 동양인 배우가 되었다.

지금 현재 우리의 모습이 어떠하든 파워 씽킹을 할 수 있다면, 우리의 미래는 지금과 전혀 달라질 것이다.

Small Tips for
POWER THINKING

1. 물음표(?)를 느낌표(!)로 바꾸는 과정이 파워 씽킹이다.

2. 플러스 발상을 통해 완전히 다른 생각을 하고 전혀 다른 사람으로 바뀔 수 있다.

3. 파워 씽킹의 핵심은 좋은 일을 생각하면 좋은 인생으로, 나쁜 일을 생각하면 나쁜 인생으로 흘러간다는 사실을 깨닫는 것이다.

3장

POWER

생각을 단련하는
파워 씽킹 트레이닝

Thinking

POWER
Thinking

"시작과 창조의 모든 행동에
한 가지 기본적인 진리가 있다.
그것은 우리가
진정으로 하겠다는 결단을 내린 순간
그때부터 하늘도 움직이기 시작한다는 것이다."

— 괴테

생각이 몸에 미치는 영향

"우리의 내면 세계가 우리의 외부의 세상을 만든다."

—하브 에커

파워 씽킹은 사람을 건강하게 해준다. 63세의 디 엥겔로 부인은 병원에서 진찰을 받은 결과 말기 암 환자로 판명이 났다. 하지만 정작 그녀는 그 사실을 몰랐다. 의사가 알려주지 않았기 때문이다. 의사는 담낭암 말기라는 사실을 환자에게 알려주려 했지만, 환자의 딸이 너무나 간절하게 부탁하는 바람에 환자에게는 가벼운 담석을 제거했다고만 말했다. 그런데 놀라운 일이 발생했다. 두 달도 채 넘기지 못할 말기 암 환자가 8개월 후에도 건강하고 밝은 모습으로 의사를 찾아온 것이었다. 이런 사례는 미국의 의사협회에 자주 보고되며, 디팩 초프라Deepak Chopra의 《마음의 기적》이란 책에도 소개되었다.

과연 무엇이 그녀를 살린 것일까? 바로 강력한 생각이다.

"그냥 단순한 담석이네요, 담석을 제거했습니다. 괜찮습니다"라는 말이 그녀로 하여금 절망적인 생각에서 벗어나 긍정적인 생각을 하게 해주었다. 긍정적인 생각은 말기 암 환자도 건강하게 만들어주었다.

디 엥겔로 부인을 살린 것은 의학이 아니라 '나는 건강하다'라는 자신의 생각이었다. 의학적 근거로 봤을 때는 잘못된 생각이었지만, 자신의 주관적인 근거로 봤을 때는 자신을 살려낸 힘을 지닌 강력한 생각이었다. 생각이 바뀌면 아픈 사람도 병을 이겨낸다. 강력하고 큰 생각, 파워 씽킹이 불치병인 암을 이기고, 건강한 몸을 창조해낸 것이다.

생각을 바꾸는 것만으로 병을 이긴 사람은 해외토픽에서나 볼 수 있을까? 국내에도 그런 사람이 무수히 많다. 그중에서도 서울대학교 병원장이었던 한만청 교수를 들 수 있다. 그는 평생 의사로 살아왔지만, 말기 암에 걸렸다. 14cm가 넘는 악성 종양 덩어리가 간에서 발견되어 제거 수술을 했지만 두 달 만에 폐로 전이됐다.

이런 상황에서는 누구나 절망할 것이다. 특히 간에서 암 덩어리를 잘라낸 지 두 달 만에 폐로 신이됐을 때는 아무도 희망이라는 단어를 떠올리지 못하게 된다. 생존율이 5% 미만이기 때문이다.

생각해보라. 100명 중에 95명이 죽고, 5명이 사는 병이 있는데, 자신이 그 병에 걸렸다면 심정이 어떨까?

이런 절망적인 상황과 무서운 암의 공포 속에서 그를 살린 것은 첨단 의학이 아니었다. 첨단 의학도 말기 암 환자를 살릴 수는 없다. 암이 너무 진행되었기 때문이다. 한만청 교수를 살린 것은 다름 아닌 그의 강력한 생각이었다.

상황이 나빠지자 그는 생각을 바꾸기로 했다. 그리고 암을 자신을 죽이러 온 저승사자라고 생각하지 않고, '자신과 함께 지내다가 다시 떠날 친구'라고 생각했다. 그는 치가 떨리는 말기 암을 친구라고 생각하고, 함께 사는 동안만이라도 잘 지내보자고 암에게 말을 건넸다. 억지로 떼어내려고 하지 않고, 자신을 찾아온 손님이므로, 암이 떠나는 날까지 최선을 다해 대접하기로 마음먹었다.

그 뒤 놀라운 일이 벌어졌다. 마음에 평화와 안정이 찾아 왔고, 암에 대한 공포와 삶에 대한 집착이 사라졌다. 결국 그는 말기 암을 이겨내고 건강을 되찾았다. 그가 말한 '암 친구론'을 통해 암을 극복한 경험을 《암과 친구가 싸우지 말고 돼라》라는 책으로 내기도 했다. 세상 모든 사람이 두려워하는 암이라는 육체의 질병을 생각의 전환만으로 극복한 것이다. 진실로 생각이 병을 이기고 건강을 가져온다는 증인이 아닐 수 없다.

생각만으로도 암이 생기고 없어진다

다음은 KBS 특별 기획 다큐멘터리 〈마음〉에 소개된 이야기이다.

라이트 씨는 오렌지만 한 크기의 종양이 발견되어 말기 암 판정을 받고 입원한 환자였다. 사형선고를 받은 것이나 마찬가지였던 그에게 희소식이 들려왔다. 암에 효과가 있는 말의 장액인 크레비오젠이 발견되었다는 소식이었다. 이 소식을 듣고서 그는 의사에게 이것을 주입해달라고 요청하여, 주사를 맞았다. 놀랍게도 며칠 후 그는 건강이 호전되어 간호사와 이야기를 나누었을 뿐만 아니라, 오렌지만 한 종양 덩어리가 뜨거운 햇살 아레에서 눈 녹듯이 녹아버렸다.

그는 두 달 동안 더 살았는데, 그가 죽게 된 것은 또한 크레비오젠 때문이다. 왜냐하면, 그는 그날 이후 건강하게 잘 살았는데, 불행하게도 읽지 않았어야 할 의학 기사를 읽게 되었다. 바로 자신의 병을 낫게 해준 그 말의 장액인 크레비오젠이 엉터리 가짜였다는 사실이 밝혀진 의학 기사였다. 그 기사를 읽자마자 암이 재발해버렸다. 결국, 의사들은 그를 살리기 위해 이전보다 두 배나 강력한 새로운 버전의 크레비오젠이 있다고 거짓말을 했고, 물을 주사했다. 하지만 이번에도 놀라운 일이 벌어졌다. 종양은 다시 작아졌다. 다시 라이트 씨는 건강을 되찾았다.

그러나 다시 두 달 뒤, 그는 크레비오젠이 아무런 효과가 없다는 더 명확한 기사를 보게 되었다. 종양을 두 번이나 사라지게 했던 크레비오젠이 아무 효과도 없다는 너무나 확실한 기사를 접한 라이트 씨는 자신의 암이 치료된 것이 아니라는 생각을 하게 되었고, 그 결과 그 보도를 보고 나서 정확히 48시간 후에 죽었다. 의사들조차 이 사례에 대해서 도저히 설명조차 할 수 없는 기이한 사례라고 한다.

과연 무엇이 라이트 씨의 종양을 눈 녹듯 사라지게도 하고, 다시 종양을 만들게도 했던 것일까?

생각에 따라 우리의 몸은 전혀 다르게 반응할 수 있으며, 전혀 다른 사람이 될 수도 있는 것이다. 생각에 따라 우리는 건강한 사람이 될 수도 있고, 반대로 심각한 병에 걸린 환자가 될 수도 있다.

우리의 건강을 좌우하고 우리의 인생을 좌우하는 것은 바로 생각이다.

암 환자들도 이러한 사실을 잘 증명해준다. 암 환자들이 암을 고질병이라고 생각하면 완치율이 38%에 불과하지만, 암을 고칠 수 있는 병이라고 생각하고 자신감을 느낄 때는 완치율이 70%가 된다는 미국 의학계의 보고가 있다. 우리의 생각과 마음 상태가 우리의 건강도 좌우한다. 어디 건강뿐이랴? 우리의 생각이 우리를 전혀 다른 사람으로 만들어놓을 수도 있다.

건강한 생각을 하면 건강해지고 나약한 생각을 하면 나약해진다. 마찬가지로 행복한 생각을 하면 우리는 행복해지고, 불행한 생각을 하면 불행한 인생을 살게 된다. 생각이 사람을 건강하게도 하고, 행복하게도 한다. 마찬가지로 당신의 생각이 당신을 불행하게 만들고 불행 속으로 이끌어가기도 한다.

생각이 곧 삶의 충실함과 질을 결정짓는 것이다. 불행도 슬

픔도 고통도 생각이 만들어낸 결과라면, 반대로 행복과 기쁨과 즐거움도 역시 생각이 만들어낸 결과라고 할 수 있다. 이 세상의 모든 것은 좋은 것도 아니고 나쁜 것도 아니다. 다만 우리가 그 것이 좋다고 인식하는 생각이 있을 수 있고, 그 반대도 있을 뿐 이다. 그러므로 생각은 선택이고, 그 선택에 따라 당신은 웃거나 울게 된다. 그 선택에 따라 당신은 건강하게 살 수도 있고, 병약 하게 살 수도 있다.

Small Tips for
POWER THINKING

1. 생각은 건강을 해치기도 하고 건강을 회복하게도 해준다.

2. 우리가 접하는 세상 모든 일은 좋은 것도 아니고 나쁜 것도 아 니다. 다만 그 각각의 일을 바라보는 생각에 따라 결과가 달라 질 뿐이다.

파워 씽킹을 단련하는 최고의 도구

> "진정한 독서는 훈련을 통해 몸을 강하게 하듯
> 연습을 통해 생각을 강하게 하는 것이다."
>
> —아인슈타인

파워 씽킹을 할 수 있게 해주는 최고의 도구는 독서와 책쓰기이다. 독서와 책쓰기를 많이 하는 사람일수록 회사에서 연봉이 높아지고, 사회적 지위가 올라간다. 더 나아가 이들이 부모가 되면 어떨까? 부모의 빈부 격차는 자녀의 학습 능력 차이, 특히 영어 실력 차이를 낳는다. 이런 과정이 다시 세대를 이어 빈부 격차를 확대 재생산해내간다. 이른바 '잉글리시 디바이드English Divide(영어 격차)'이다. 그런데 이것은 영어뿐만이 아니라, 독서와 책쓰기에도 그대로 적용된다.

그래서 나는 신조어를 하나 만들었다. 바로 '라이팅 디바이드 **Writing Divide**(책쓰기 격차).' 독서에서도 격차가 벌어지지만, 책쓰기에서는 그 격차가 더 심해진다. 책을 쓰는 사람과 쓰지 않는 사람 사이에는 사회적, 경제적 격차가 더 벌어지는 것이다. 그 기반에는 바로 파워 씽킹이 있다. 독서와 책쓰기는 파워 씽킹을 돕는 도구이다. 지금부터는 독서에 대해 살펴보자.

책을 읽은 사람들은 두 부류로 나뉜다. 하나는 책을 눈으로만 읽고 제대로 해석할 줄을 모르는 사람들이다. 또 하나는 오랜 노력과 시행착오를 통해 독서하는 방법을 터득한 사람이다.

당신은 어느 부류에 속하는가? 쉽게 판단하기 힘든 이 질문에 괴테는 이렇게 답한다.

"대부분 사람은 읽는 방법을 배우는 데 오랜 시간이 걸린다는 사실을 모른다. 나는 80년이 걸렸고, 지금도 완전하다고 말할 수 없다."

'대문호'라고 불리는 세계적인 작가가 책 읽는 법을 터득하는 데 평생을 바쳤고, 끝내 완전하다고 스스로 평가하지 못한 이유는 무엇일까? 115권의 책을 써낸 괴테도 이런 말을 했는데 당신은 어떤가? 독서를 제대로 하기 위해 우리는 어떻게 해야할까?

책을 제대로
읽는 방법

괴테가 말한 책 읽는 방법은 어떤 것을 말하는가? 정확한 판단을 하기 위해서 다음 예문을 3분 동안 읽어보자.

"기원전 509년 폭압적인 타르퀸 왕정이 무너지고 브루투스가 두 집정관 중 선임으로 선출되었을 때 그의 두 아들은 타르퀸 왕정을 복고하려는 음모를 꾸몄다. 아버지인 브루투스는 아들들에게 유죄 판결을 내리고 사형을 선고했다. 두 아들은 브루투스가 보는 앞에서 처형되었다."

자! 위 예문을 읽은 후 당신에게 남은 것이 무엇인가? 만약에 그것이 '브루투스가 타르퀸 왕정을 무너뜨렸다, 그의 두 아들이 다시 그 왕정을 복고하려고 했다, 그러다가 아버지에 의해 처형당했다'는 사실인가? 만약에 당신이 독서를 통해 배운 것이 이것이 전부라면 당신은 14시간 동안 유럽으로 비행기를 타고 가서, 프랑스 파리와 영국 런던과 이탈리아 로마에 가서 그곳에서 가장 유명하고 중요한 곳들을 거의 둘러보지 않고 여행 기간 내내 호텔에서 미불면서 유럽 여행을 10박 11일로 갔다 왔다고 말하는 것과 다를 바 없다.

당신이 유럽 여행을 했다는 것은 분명 거짓말은 아니다. 실제로 비행기를 타고 14시간 가까이 비행하여 유럽의 여러 곳의 땅을 밟고 여행을 한 것이기 때문이다. 하지만 실속이 없는 여행, 아무것도 남지 않는 여행만 한 것이라고 할 수 있다. 진짜 여행은 프랑스 파리에 갔다면 최소한 루브르 박물관이나 에펠탑, 몽마르트 언덕과 같은 명소 중의 한 곳에 가보거나, 현지인의 삶을 체험하거나, 낯선 곳에 가서 그곳의 경치와 자연을 경험해봐야 하지 않을까?

천재가 80년이 걸린 일을 어떻게 한두 문장으로 배울 수 있겠는가? 하지만 진짜 독서와 잘못된 독서의 차이를 정확히 알게 된다면 독서에 대한 의식과 견해가 조금은 넓어질 것이라고 본다.

진짜 독서와 잘못된 독서는 어떤 차이가 있을까? 위의 예시 문장을 읽었다면 지식을 쌓는 데 그치지 않고 생각이 넓어져야 한다. 몰랐던 지식을 알게 된 것은 독서의 효과 중에 빙산의 일각에 불과하다. 독서의 참된 효과, 훨씬 더 강력한 효과는 생각이 확장되고, 사고력이 향상된다는 데 있다. 독서하는 방법을 아는 사람들은 위 예문을 통해서 반드시 다음과 같은 생각을 하게 된다.

"만약 내가 통치자라면, 조국을 배반한 아들들에게 어떠한 처벌을 내렸을까? 그런 처벌은 과연 아버지로서 내린 것인가, 통치자로서 내린 것인가? 가족이 우선인가, 조국이 우선인가? 과연 브루투스의 행동은 정의인가, 불의인가?"

결론은 이렇다. 진정한 독서의 가장 큰 효과는 지식의 확장이 아니라 사유의 확장이다.

이 점에 대해 아인슈타인도 일찍이 언급했던 적이 있다.

"진정한 독서는 훈련을 통해 몸을 강하게 하듯 연습을 통해 생각을 강하게 하는 것이다."

제대로 된 독서를 많이 하면, 지식이 강해지는 것이 아니라 생각이 강해진다. 그 결과 파워 씽킹을 할 수 있는 존재로 바뀐다. 독서의 유익함은 생각을 키우는 힘을 길러주는데, 이것이 바로 파워 씽킹의 첫 단계이다.

위대한 리더, 놀라운 혁신가들, 엄청난 발명가들, 세계적인 학자와 기업가들, 위인들은 대부분 훌륭한 독서가들이다. 훌륭한 독서가들은 대부분 위대한 파워 씽커들인 이유가 이것이다.

독서하는 활동이나 행위가 위대한 리더를 만드는 것이 아니라 진정한 독서를 통해 사고력이 강해지고 향상되기 때문이다. 독서를 제대로 하면 파워 씽커가 될 수 있다. 독서를 많이 하는 사람들이 대부분 세계 최고의 부자들이고, 세계 최고의 혁신가들인 이유이다.

어떤 분야에서 어떤 일을 하더라도 가장 먼저 필요한 능력은 생각하는 힘이다. 생각하는 힘을 기르는 가장 좋은 방법으로 독서 외의 것을 발견해본 적이 없다.

독서의 가장 큰 유익은 파워 씽킹이다

나는 2009년 2월의 겨울을 잊을 수 없다. 내가 회사를 그만두고 모든 것을 다 내려놓고 독서를 시작했던 때이기 때문이다. 그때는 독서가 무엇인지, 독서를 어떻게 해야 하는지 아무것도 몰랐다. 많은 책을 섭렵하고 혹독하고 치열하게 책에 파묻혀 살다 보니 하나씩 깨닫게 되었다. 누군가가 '독서의 가장 큰 유익은 무엇인가요?'라고 묻는다면 나는 일말의 망설임도 없이 답할 수 있다.

"독서의 가장 큰 유익은 파워 씽킹입니다."

나는 이것을 깨닫는 데 4년이 걸렸다. 그것도 온종일 책만 읽는 생활을 하고서 말이다.

500여 권의 책을 저술한 다산 정약용 선생은 아들에게 보냈던 편지에 이런 말을 했다.

"소매가 길어야 춤을 잘 추고, 돈이 많아야 장사를 잘하듯, 머릿속에 책이 5,000권 이상 들어 있어야 세상을 제대로 뚫어보고 지혜롭게 판단할 수 있다."

많은 책을 읽은 사람과 그러지 못한 사람은 어떤 일에 직면했을 때 사고하는 방식과 사고의 수준에서 차이가 난다. 비록 눈에는 보이지 않지만, 그 차이는 그 일을 성공적으로 처리해내느냐 아니면 오히려 더 큰 문제를 일으키며 실패하느냐로 이어지게 된다. 그래서 책을 많이 읽은 사람을 보면 살아가는 것이 그렇게 힘이 들지 않고 쉬워 보인다. 왜냐하면, 똑같은 일에 직면하더라도 더 나은 방법을 찾아내 빠르게 해결해 버릴 수 있기 때문이다. 하지만 책을 많이 읽지 않은 사람들은 세상을 제대로 뚫어보고 지혜롭게 판단할 수 없으므로 작은 일에도 힘들어한다. 실제로 작은 문제도 힘들게 해결한다. 그래서 그들에게는 이 세상이 버거운 대상이다.

이런 차이를 가르는 것이 파워 씽킹을 할 수 있느냐의 여부다. 독서를 제대로 많이 한 사람은 모두 파워 씽커다. 그래서 남들보다 더 성공하고 부자가 되고 행복한 삶을 살아간다.

돈을 버는 문제, 부자가 되는 문제, 성공하는 문제도 이와 다르지 않다. 부와 성공도, 특히 돈이란 경제적 문제에 직면했을 때 책을 많이 읽은 사람들은 세상의 문리가 트이기 때문에 쉽고 정확한 해결책이 눈에 보이게 되고, 돈을 벌 수 있는 길이 눈에 들어온다. 파워 씽킹을 할 수 있기 때문이다. 하지만 책을 읽지 않은 사람들은 그러한 것들이 눈에 보일 리가 없다.

아는 만큼 보이고, 읽은 만큼 성공한다.

바로 이 말이 내가 꼭 하고 싶은 말이다. 알베르트 아인슈타인의 표현을 빌리자면 "우리가 오늘 당면한 문제들은 우리가 그 문제를 처음 만들었을 때의 사고 수준으로는 도저히 풀지 못한다." 그래서 우리는 사고 수준을 향상해야 한다. 바로 이 지점에서 파워 씽킹을 할 수 있는 사람과 못 하는 사람이 인생 격차가 발생한다. 사고 수준만큼 이 세상이 보인다. 따라서 세상을 이해하기 위해서 우리는 사고 수준과 사고의 힘을 높여야 한다. 이 세상에 존재하는 것 중에서 사고 수준을 가장 쉽고 빠르게 효과적으로 올릴 수 있는 것은 단연 독서와 책쓰기이다.

독서로 인생을 바꾼 사람들

파워 씽킹의 도구로 책쓰기를 제외하면, 이 세상에 독서보다 더 나은 방법을 나는 아직도 발견하지 못했다. 그래서 독서와 책쓰기를 평생, 오늘도 하는 것인지도 모른다. 세계적인 투자의 귀재인 워런 버핏이 세계적인 투자자로 성공한 비결은 독서 덕분이다. 그는 남들보다 몇 배 더 많은 독서를 통해 남들은 미처 생각할 수 없는 사고와 의식의 수준으로 도약하는 데 성공했다.

나는 '왜 어떤 사람은 독서를 통해 인생이 변화되고, 큰 성공을 거두지만, 반면에 또 어떤 사람들은 아무리 독서를 해도 인생은커녕 일상도 변화가 되지 않는가'에 대해 언급한 적이 있다. 그 차이를 독서에 존재하는 '임계량'이라고 설명했다. 즉 물이 끓으려면 반드시 물의 온도가 100℃를 넘어야 한다. 이것처럼 독서를 통해 우리의 의식과 사고의 도약이 이루어지려면 반드시 집중적인 독서, 즉 독서하는 시간과 독서하는 양이 일정 수준의 임계량을 독파해야 한다.

독서를 통해 위대한 인생으로 도약한 이들을 자세히 살펴보면 놀랍게도 마치 물을 끓일 때 쉬지 않고 끓이듯, 독서를 할 때도 집중적으로 일정한 시간 동안 엄청난 양의 책을 독파해낸 적이 있었다. 집중적인 독서의 경험과 시기를 통해 독서의 임계치를 돌파해낸 것이다.

평소에 책을 꾸준히 읽는 것이 결코 나쁜 독서 습관은 아니다. 하지만 독서의 임계량을 독파하기 위해서는 몇 개월 혹은 몇 년 동안 집중적인 독서를 할 필요가 있음을 우리는 알아야 한다. 물을 끓일 때 오늘 조금 끓이고, 내일 또 조금 끓이고 한다고 해서 물이 끓는 것은 절대 아니다. 책에 빠져들어 미친 듯이 책을 독파하고, 책이 자신의 세계가 되어버리는 그런 경험을 해야 한다. 그것이 3개월 동안이든, 3년 동안이든 말이다.

에디슨은 학창 시절에 도서관에 있는 모든 책을 통째로 읽어버린 경험이 있고, 빌 게이츠는 초등학교 졸업 전에 다른 사람들이 평생 읽는 독서량의 몇 배가 되는 책을 독파했고, 버핏은 초등학교 입학하기 전인 여섯 살 때부터 비즈니스 관련 서적을 읽을 정도로 독서를 많이 했다. 이런 독서 집중 경험을 통해 그들은 스스로 파워 씽커로 도약했던 것이다.

책을 많이 읽는다는 것은 결국 의식과 사고의 수준을 확장하고 향상함으로 도약을 한다는 것이다. 당신의 독서가 이런 큰 의미와 가치가 있는 것인가? 아무리 독서를 해도, 독서 시간과 책값만 날리는 그런 껍데기 독서만을 하는 것인가?

생각 혁명을 위한 세계 최강의 도구, 독서

"오늘의 나를 있게 한 것은 우리 마을 도서관이었고, 하버드 졸업장보다 소중한 것이 독서하는 습관이다."

마이크로소프트를 창립하고 세계적인 부자의 반열에 오른 빌 게이츠는 제대로 된 독서를 통해 파워 씽킹의 위력을 누구보다 확실하게 몸소 체험한 사람 중의 한 명이다. 《달과 6펜스》라는 책으로 유명한 영국의 극작가 윌리엄 서머싯 몸도 "책 읽는 습관을 기르는 것은 인생에서 모든 불행으로부터 스스로를 지킬 피난처를 만드는 것이다"라고 말했다.

《생활의 발견》으로 유명한 중국 작가 린위탕林語堂은 평소에 독서를 하지 않는 사람은 시간적으로나 공간적으로나 자기만의 세계에 감금되어 있다고 말했다. 그러나 손에 책을 들기만 하면 생각조차 하기 어려운 별천지에 있는 자신을 발견할 수 있다고 덧붙였다.

그가 말하는 '생각조차 하기 어려운 별천지에 있는 자신'은 어떤 사람일까? 바로 파워 씽킹을 할 수 있는 사람이다. 파워 씽킹을 할 수 있는 사람은 전혀 다른 세상을 살아갈 수 있다. 독서를 하지 않는 것은 인생에서 가장 큰 손해이며 낭비이다. 소크라테스도 말하지 않았던가? "남의 책을 많이 읽어라. 남이 고생한 것을 가지고 쉽게 자기 발전을 이룰 수 있다"라고 말이다.

수많은 전문가가 책만큼 큰 위력을 가진 자기계발 도구는 없다고 말한다. 이것은 자기계발 작가들에게만 한정된 일이 아니다. 세계적인 경영 석학들도 독서를 강조한다.

수많은 언론으로부터 이 시대 최고의 '비즈니스 철학자'로 불리는 게리 해멀Garry Hamel 교수는 《꿀벌과 게릴라》라는 책을 통해, 책을 읽지 않게 되면 평생 현재 그 수준에서 머물 수밖에 없다는 무서운 사실을 잘 지적해준 적이 있다. 그는 모든 비즈니스 혁명은 자기 혁신에서 출발한다고 말한다.

그는 책을 읽지 않는 사람은 꿀벌로, 책을 읽는 사람은 게릴라로 비유한다. 즉 책을 읽지 않는 사람은 부지런히 일을 할 수는 있지만 평생 똑같은 수준에 머무른다. 책을 읽는 사람은 갑자기 출세를 하거나 사업에 성공할 기회를 얻는다. 인생을 바꾸는 혁신은 평소에 꾸준히 독서를 해서 지식과 능력을 개발하고 자신감을 얻은 사람만이 할 수 있다. 점진적인 개선으로는 부족하고 혁명적인 발상으로 새로운 일을 폭발적으로 추진해야 한다. 마치 게릴라처럼 말이다.

세계 최고의 갑부가 된 버핏은 지금도 하루에 8시간 이상의 시간을 책을 읽는다고 한다. 그렇다면 그가 성공하기 전에 한창 때는 얼마나 많은 책을 읽었을까? 이러한 질문에 대해 해답의 실마리를 찾아볼 수 있게 해주는 그의 말이 있다. 이 말은 그가 독서의 중요성을 얼마나 철저하게 잘 알고 있는지를 보여주는 말이다.

"당신의 인생을 가장 짧은 시간에 가장 위대하게 바꿔줄 방법은 무엇인가? 만약 당신이 독서보다 더 좋은 방법을 알고 있다면 그 방법을 따르기 바란다. 그러나 인류가 현재까지 발견한 방법 가운데서만 찾는다면 당신은 결코 독서보다 더 좋은 방법을 찾을 수 없을 것이다."

우리의 인생을 가장 짧은 시간에, 가장 위대하게 바꿔줄 방법으로 독서보다 더 좋은 방법은 어디에서도 찾을 수 없다. 이것은 만고불변의 진리인 셈이다. 프랭클린 루스벨트는 "배 없이 해전에서 이길 수 없는 것처럼, 책 없이 세상과의 전쟁에서 이길 수는 없다"라고 말한 적이 있다.

독서보다 강력한 생각 도구는 책쓰기

나는 독서에 머물지 않고 독자에게 한 가지를 더 요구하겠다. 바로 책쓰기이다. 독서와 마찬가지로 책쓰기도 파워 씽킹의 훌륭한 도구이다. 엄밀하게 말하면, 책쓰기는 독서 이상이다. 책쓰기는 독서보다 10배 정도 더 강력한 파워 씽킹 도구이다. 독서를 많이 한 사람의 인생도 바뀌지만, 책쓰기를 한 사람의 인생이 더 압도적으로 바뀐다. 책쓰기는 어떻게 강력한 파워 씽킹의 도구가 될까?

책쓰기에는 독서에 없는 몇 가지 특징이 있다. 먼저 책쓰기를 하는 과정은 하나의 주제, 하나의 문제에 대해서 지속해서 일관되게 이야기를 해나가야 하고, 해결책을 찾기 위해 고민하고 연구하고 사색하고 기록해야 한다. 쓰기 위해서는 훨씬 더 많이 사색해야 한다. 사고의 힘이 부족하면 책쓰기를 할 수 없다. 책쓰기를 하면 사고의 힘이 자연스럽게 향상된다. 바로 이런 이유로 책쓰기만큼 강력한 파워 씽킹의 도구는 없다.

책쓰기는 열심히 일하기, 더 많이 공부하기보다 더 강력한, 인생을 바꾸는 도구이다. 책쓰기는 스스로 문제를 발견하고, 그 해결책을 위해 고민하고 높은 차원에서 생각하고 또 생각하게 해준다. 책쓰기는 끊임없는 사고의 과정이다. 그래서 100권의 책을 읽은 사람보다 한 권의 책을 쓴 사람이 더 전문가가 되는 것이다. 세상은 이것을 알기 때문에 책을 출간한 저자를 대우하고 인정해준다.

한 단계 더 높은 성과를 내고, 남들보다 훨씬 더 놀라운 제품을 만들고, 남들이 미처 생각하지 못한 시스템을 구축하고, 남들이 보지 못한 미래를 창조해가는 사람들은 모두 파워 씽커들이다. 이들은 어떻게 남들이 미처 생각하지 못한 탁월한 생각을 할 수 있는 것일까? 성공하는 사람들의 탁월한 생각은 도대체 어떻게 만들어지는 것일까?

이런 질문에 답해주는 책이 있다. 단숨에 세계 최대의 온라인 스트리밍 서비스 업체로 도약한 넷플릭스를 만든 탁월한 생각, 이케아의 매출을 단기간에 확 끌어올린 탁월한 생각이 만들어지는 생산적 사고의 힘을 다룬 《탁월한 생각은 어떻게 만들어지는가》이다.

"컴퓨터는 쓸모없다. 답만 줄 뿐이니까."

입체파(큐비즘)를 창시한 피카소의 말이다. 그의 말처럼, 답만 알고 있는 사람들은 쓸모가 없다. 지금 이 시대에 가장 필요한 사람들, 가장 성공하는 사람들은 지식을 가지고 있는 사람이 아니라, 창조적인 사람들이다. 새로운 지식과 아이디어를 계속해서 만들어내는 사람이다.

그렇다면 어떤 부류의 사람들이 창조적인 생산적이고 탁월한 생각을 하는 것일까? 이런 사람들의 가장 큰 특징은 답을 찾지 않고, 계속해서 질문을 던지면서, 모호함을 감수한다. 이미 정해놓은 답을 찾고 그것에 만족하지 않고, 새로운 질문을 던지고 새로운 모호함을 계속 발견해가는 과정을 즐긴다.

이 과정은 바로 책을 쓰는 과정이기도 하다. 하나의 주제에 대해 끊임없이 질문하고 새로운 아이디어와 생각을 만들어내는 과정은 책을 쓰는 과정에서 빼놓을 수 없는 단계이기 때문이다. 책을 쓴다는 것은 '무엇을 아는가'보다 '어떻게 남과 다르게 생각하는가'를 담는 과정이며, 더 중요한 의미는 남다른 강력하고 큰 생각을 할 수 있는 사람으로 끊임없이 훈련하는 과정이다.

책을 쓴다는 것은 남과 다르게 세상을 보고, 강력하고 큰 생각을 끊임없이 하는 과정이다. 익숙한 생각이 아닌 뜻밖의 생각, 남과 다른 생각을, 그것도 강력하고 큰 위대한 생각을 끊임없이 하는 것이 책을 쓰는 과정이다. 그러므로 책을 쓰는 사람은 생산적이고 탁월한 생각의 고수가 될 수밖에 없다. 책쓰기는 파워 씽커가 되는 최고의 방법이며, 도구이다.

Small Tips for POWER THINKING

1. 생각하는 법을 훈련하는 최고의 방법은 독서와 책쓰기이다.

2. 아는 만큼 보이고 읽는 만큼 성공한다. 생각 혁명을 일으키려면 무엇보다 책을 많이 읽고 제대로 읽어야 한다.

3. 끊임없이 새로운 질문을 던지고 그에 대한 답을 찾아가는 과정이 독서와 책쓰기이며, 그 과정에서 생각의 확장이 폭발적으로 일어난다.

아무도 성공하지 못한 일을 해내는 법

"성공하기 위해서 필요한 것은 단 한 가지밖에 없다.
건전한 사고방식이 그것이다."
_나폴레온 힐

영국의 철학자 프랜시스 베이컨은 남과 다르게 행동하여 남들이 한 번도 시도한 적이 없는 방법을 실행할 때만 엄청난 성취를 해낼 수 있다는 사실을 알았다.

승리와 성공의 비결은 누구도 시도한 적이 없는 남과 다른 방법으로 남과 다르게 행동하는 것이다. 이 사례가 바로 트로이 목마이다. 그리스는 트로이를 10년 동안 공격을 했지만, 트로이 성벽을 돌파할 수 없었다. 결국, 누구도 시도한 적이 없는 방법, 즉 트로이 목마를 만들어 그 안에 군인들을 매복시켜서 성 안에

들어가는 기상천외한 방법을 시도하였고, 그 결과 10년 동안 할 수 없었던 일을 하룻밤 사이에 이루어내는 성과를 창출했다.

누구도 시도한 적이 없는 방법을 시도하기 위해서는 누구도 생각해낸 적이 없는 생각을 해야 한다. 파워 씽킹이 필요한 이유이다. 파워 씽킹을 하지 못했다면 트로이 목마는 존재하지 못했다.

세상의 모든 혁신, 발견, 창조, 제품, 서비스, 시스템, 철학, 주의, 이념 등은 모두 파워 씽킹에서 시작되었다. 혁신적인 제품을 만들기 위해서 가장 필요한 것은 남과 다른 생각이다. 남과 다른 성공을 거두기 위해서 가장 필요한 것은 남다른 생각이다. 그것을 생각으로 멈추지 않고, 행동하고, 돌파하고, 끊임없이 시도하게 해주는 것도 생각이다.

누구도 시도한 적 없는 일을 해내려면

왜 남다른 생각을 이토록 강조하는 것일까? 그 이유를 《장자》에 나오는 이야기를 통해 말할 수 있다.

　송나라에 대대로 빨래로 생계를 연명하던 집안이 있었다. 겨울에 빨래를 하면 손이 트는데, 그 집안에서는 손을 찬물에 넣어도 트지 않는 약을 개발하여 대대로 전해왔다. 그 덕분에 손 안 트는 약을 잘 만들게 되었지만, 대대로 빨래로 생계를 연명하던 집안이었기에 이 약의 효용 가치에 대해 전혀 생각하지 않고, 어제 했던 일을 오늘도 하고, 오늘 했던 일을 내일도 하면서 살아갔다. 그런데 어느 날, 그 마을을 지나던 과객이 이 이야기를 듣게 되었다. 과객은 그 약이 너무나 신통해서 곰곰이 생각했다. 손이 안 트는 약으로 할 수 있는 것이 고작 겨울철에 빨래하는 것뿐만이 아니라고 생각한 그 나그네는 빨래로 생계를 연명하는 사람들을 찾아갔다. 그들을 직접 만나 그들에게 그 신기한 약을 보여달라고 했다. 소문으로 듣던 그런 약이 실제로 존재하는 것을 보고, 백금을 줄 테니 비법을 가르쳐달라고 제안했다. 빨래하는 집안의 사람들은 모여서 의논을 했고 마침내 모두 동의했다.

　"우리는 솜 빼는 일을 조상 대대로 해오고 있지만, 수입은 몇 푼 안 된다. 약 만드는 법을 가르쳐주면 단박에 금 백 냥을 받는다. 그러니 약 만드는 법을 팔도록 하자."

　이렇게 해서 과객은 백금으로 그 비법을 사서 오나라 왕에게로 갔다. 과객은 왕에게 손 안 트는 약이 있는데, 겨울에 수전할 때 유리할 것이라고 말하면서 전쟁에 이 약을 사용하도록 설득했다. 그러면서 손 안 트는 약을 가지고 있는 자신을 장군으로 삼아달라고 간청했다.

때마침 전쟁이 터지고 차가운 양자강 하류에서 전투를 치르게 되었다. 장군이 된 과객은 그 약을 대량으로 만들어 병사들에게 바르게 했고, 차가운 물에서도 병사들의 손이 트지 않아 전력을 유지하는 데 큰 도움이 되었다. 그로 인해 월나라 군대를 대파할 수 있었고, 오나라는 크게 승리할 수 있었다. 과객은 전쟁에서 승리한 장군이 될 수 있었고, 오나라 왕은 그에게 땅을 하사하고 높은 벼슬까지 주었다.

장자는 이야기 끝에 이렇게 덧붙였다. "똑같이 손 안 트게 하는 약인데 어떤 이는 그것을 가지고 제후로 봉해지고 어떤 이는 평생 빨래하는 직업을 못 벗어났다. 이것은 같은 물건이라도 누구에게 의해 어떻게 사용되는가에 따라 그 가치가 달라지는 것을 보여준다."

파워 씽킹을 강조하는 이유가 바로 이것이다. 당신이 지금까지 살면서 기업의 경영자가 되거나 부자가 될 기회들이 적어도 몇 번은 손 안 트는 약과 같이 존재했을 것이기 때문이다. 하지만 생각이 남과 다르지 않고 강력하지 않고 크지 않기 때문에,

우리는 기회를 발견하지도, 발전시키지도 못 하는 것이다. 파워 씽킹을 해야 남들이 생각하지 못하는 기회를 발견할 수 있고, 만들고, 활용할 수 있다.

진공청소기로 청소를 해본 경험이 있을 것이다. 하지만 우리는 진공청소기의 불편함과 비효율성을 경험하고서는 그냥 지나쳤을 것이다. 하지만 제임스 다이슨James Dyson은 우리가 경험했던 것과 똑같은 진공청소기를 사용한 후 '먼지 봉투가 없는 청소기'라는 남과 다른 생각을 했다.

그도 역시 청소하다가 먼지 봉투의 불편함을 몸소 체험했던 수만 명의 사용자 중 한 명에 불과했다. 하지만 우리와 다른 생각을 한 그는 먼지 봉투가 없는 청소기를 만들어냈다.

새로운 혁명의 청소기를 만들어낸 그는 진공청소기 업계의 혁신 아이콘이 되었다. 이 제품 덕분에 회사는 연간 1억 달러 이상의 이익을 창출해냈다. 그가 파워 씽킹을 하지 않았다면 절대 다이슨 청소기는 세상에 존재하지 못했을 것이다. 똑같은 것을 경험해도 대부분의 사람은 그냥 불평만 하고 지나치지만, 파워 씽킹을 하는 사람은 세상을 바꾸어버린다.

성공은
인과법칙을 따른다

《백만장자 마인드의 비밀》의 저자 하브 에커Harv Eker는 많은 사람이 성공을 누리지 못하는 이유에 대해 "막대한 부와 성공을 끌어내는 능력, 그것을 유지할 수 있는 내적인 능력의 부재 탓"이라고 말했다. 이것이 큰돈을 벌지 못하는 가장 근본적인 원인이다. 그래서 자수성가한 부자들은 돈을 몽땅 잃는다 해도 그들이 큰돈을 벌 수 있게 해준 백만장자 마인드, 즉 부자가 되는 생각 습관은 잃어버릴 수 없으므로 몇 년 안에 또다시 부자가 된다. 부자가 되게 하는 것은 실력이나 재능이 아니라 생각이기 때문이다.

우리 중에 너무나 많은 사람이 자신이 바라는 만큼의 성공과 경제적 자유를 누리지 못하고 진정한 행복을 느끼지 못하고 있다. 그 이유는 간단하다. 바로 의식이 깨어 있지 않아서이다. 그가 말하는 의식이 깨어 있지 않다는 것은 결국 생각하지 않고 그저 살아간다는 것이다.

열매가 달라지길 바란다면 가장 먼저 뿌리를 바꾸어야 한다.

뿌리를 바꾼다는 것은 바로 우리 내면에서 생각을 바꾸고, 새롭고 강력하고 큰 생각을 시작한다는 것을 의미한다.

심은 대로 거둔다. 강력하고 큰 생각이 새로운 세상을 창조한다.

가난이나 부나 건강이나 질병도 모두 원인이 아니라 결과에 속한다. 성공과 실패도 그렇다. 성공하고 싶다면 성공의 씨앗을 심어야 한다.

성공이든 실패든, 부든 가난이든, 건강이든, 질병이든 근본적인 원인은 단 한 가지, 바로 '생각'이다. 당신이 성공과 부와 건강을 생각한다면 성공할 수 있게 되고, 부자가 될 수 있고, 건강하게 된다. 생각조차 하지 않는다는 것은 그 어떤 결과도 기대할 수 없으므로 부자가 될 수 없고, 성공할 수 없고 건강을 기대하기도 어렵다.

그 사람이 지금 어떤 생각을 하는지를 알게 되면 그 사람의 미래, 특히 경제적인 미래를 확실하게 예측할 수 있다. 누군가가 지금 엄청난 양의 사과나무를 심고 있다고 생각해보라. 이 사람은 반드시 엄청난 사과를 얻게 될 것이다. 하지만 누군가가 지금

한 그루의 사과나무도 심지 않고, 그저 강가에 나가서 소일거리로 낚시를 한다거나, 동네 골목에서 지나가는 사람들과 이런저런 이야기만 나누며 시간을 보낸다고 생각해보라. 이 사람은 절대로 사과를 얻지 못할 것이다. 그런 점에서 우리는 우리가 심는 만큼 거두고, 행동하는 만큼 결과를 얻게 된다. 그리고 그 시작과 행동은 우리의 생각에서 비롯된다. 파워 씽킹은 강력하고 거대한 씨앗을 심게 해준다. 파워 씽킹은 실패에도 멈추지 않고 끊임없이 도전하고 행동하게 해준다.

즉 모든 것은 생각에서 비롯된다. 이러한 생각은 우리의 '마인드'가 만들어낸다. 마인드는 생활의 기본이며 강력한 도구이다. 그런데 놀랍게도 우리 대다수가 이를 활용할 줄 모른다.

대다수 사람이 실패한 삶을 사는 이유는 기본적이고 강력한 도구를 활용할 줄 모르기 때문이다. 파워 씽킹은 이런 도구를 활용하는 기술이다. 영국의 극작가였던 오스카 와일드는 다음과 같은 멋진 말을 남겼다.

"성공은 과학이다. 조건을 갖추면 결과를 얻는다."

성공은 인과의 법칙을 따르는 과학이다. 성공의 조건을 갖추면 반드시 결과를 얻게 된다. 세계적인 성공학 강사이자 동기 부여 작가 나폴레온 힐은 저서 《성공 철학》에서 이렇게 말했다.

"성공하는 데 필요한 것은 한 가지밖에 없다. 바로 건전한 사고방식이다."

미래를 바꾸는 것은 우리의 재능이나 지식이 아니라 우리의 생각이다. 그리고 생각 중에서도 남다르고 강력하고 큰 위대한 생각이 미래를 바꾸고, 인생을 바꾸고, 우리 자신을 창조한다.

월터 D. 윈틀Walter D. Wintle이라는 시인은 이름 외에는 생애가 거의 알려지지 않은 인물인데 〈생각Thinking〉이라는 제목의 의미심장한 시를 남겼다.

생각

당신이 진다고 생각하면 질 것이다.
할 수 없다고 생각하면 해내지 못할 것이다.
이기고 싶지만 이기지 못하리라 생각하면
당신은 분명 이기지 못할 것이다.

실패할 것이라고 생각하면 당신은 실패한다.
이 세상에서 성공이란 사람의 의지에서 비롯되며
성공은 온전히 사람의 생각 속에 있기 때문이다.

높이 오르려면 높이 생각해야 하듯
성공을 거머쥐려면
먼저 자기 자신을 믿어야 한다.

삶이란 전투에서는 강한 자나 빠른 자가
늘 승자가 되지는 않는다.
그러나 결국 마지막에 승리하는 자는
할 수 있다고 생각하는 사람이다.

1마일을 4분 안에
뛸 수 있었던 비결

이 세상에 존재하는 그 어떤 약이나 도구로도 우리 내면에서 생겨난 두려움을 극복해낼 수 없다. 하지만 우리 내면에 존재하는 우리의 생각과 마음은 그것을 물리칠 수 있다. 그런 점에서 생각이 강한 사람이 공포와 두려움에 대해서도 강할 수밖에 없는 것이다.

인간의 본능이기도 한 두려움을 생각을 통해 극복해낼 수 있다는 것을 확실하게 이해할 수 있는 사례 중의 하나가 숯불 걷기Fire walking이다. 이것은 수천 년 전부터 여러 문화권에서 행해져 온 가장 광범위하고 오래된 종교의식 중의 하나였다. 그런데 고대부터 전해오던 이 의식을 미국의 톨리 버컨Tolly Burkan이라는 사람이 동기 부여와 자기계발을 위한 세미나 및 워크숍에서 사용하게 되었다.

중요한 사실은 인간의 능력은 무한하다는 것이다. 그리고 인간은 무엇이든 할 수 있다는 사실을 우리는 이 의식을 통해 배워야 한다. '나는 할 수 있다'라고 생각할 때 화상을 입지 않고 700도나 800도가 되는 뜨거운 숯불 위를 맨발로 걸어서 지나갈 수 있다.

타인이 맨발로 뜨거운 숯불 위를 걸어가는 것을 보면 마치 기적처럼 보인다. 하지만 우리가 두려움을 물리치게 되면 불가능한 것처럼 보이는 것이라도 누구나 해낼 수 있게 된다는 사실을 명심해야 한다. 불가능하게 보이는 성공은 두려움을 물리칠 때 도전할 수 있고, 성취할 수 있다. 결국, 두려움은 마음의 문제이기 때문에 마음을 변화시킬 수 있는 생각만이 그 두려움을 물리칠 수 있다.

할 수 있다고 강력하게 생각할 때 실제로 해낼 힘과 에너지가 만들어진다. 우리가 해낼 수 있다고 생각하지 않는다면 아무리 노력하고 연습을 해도 해낼 수 없다. 이러한 사실을 잘 보여주는 사례가 바로 로저 배니스터Roger Bannister의 사례이다.

수백 년 동안 인간은 1마일을 4분 안에 돌파하는 것은 불가능하다고 여겨졌다. 전문가들과 의사들도 인간이 1마일을 4분 안에 돌파할 수도 없으며, 만약에 하게 된다면 심장과 신체 장기들이 파손을 입어 죽게 될 것이라고 말했다. '1마일을 4분 안에 달리면 인간의 폐와 심장이 파열되고 심한 스트레스와 긴장으로 뼈가 부러지고 관절이 파열되며 근육과 인대, 힘줄이 찢어진다'라고 경고했다. 이 생각 때문에 인간은 수백 년 동안 4분의 벽을 돌파하지 못했다. 그런데 1954년 배니스터는 1마일을 4분 안에 주파했다.

배니스터가 인간의 평균 수준을 뛰어넘는 달리기 능력을 지녔기 때문이 아니다. '나는 1마일을 4분 안에 주파할 수 있다'라는 생각을 믿고 또 확신한 것뿐이다.

육상선수들은 수백 년 동안 1마일을 4분 안에 돌파하지 못했는데, 배니스터가 그것에 성공하자마자 1마일을 4분 안에 돌파하는 선수들이 1년도 안 되어 37명이나 무더기로 쏟아졌다. 2년 안에는 웬만한 육상선수들은 다 1마일을 4분 안에 쉽게 돌파하게 되었다.

배니스터의 성공 이후 2년 안에 300명 이상의 선수들이 1마일을 4분 안에 돌파했다.

'불가능하다'는 부정적이고 나약한 생각은 우리를 불가능하게 만든다. '가능하다'는 강력한 생각은 가능하게 만든다. 그저 열심히 연습하는 것과 '반드시 해낼 수 있다'고 생각하면서 하는 것은 하늘과 땅 차이이다.

Small Tips for
POWER THINKING

1. 파워 씽킹을 통해 남이 보지 못하는 기회를 포착하는 안목을 기를 수 있다.

2. 성공의 조건을 갖추면 성공이라는 결과를 얻는다. 파워 씽킹으로 성공의 씨앗을 심을 수 있다.

3. '할 수 있다'는 생각만으로 인간의 능력은 무한하게 뻗어나간다.

재능을 200% 발휘하는 성공의 비밀

"생각이 뛰어난 사람은 언제나 수요가 부족하다."

—존 맥스웰

자기 분야에서 뚜렷한 업적을 만들고, 대가로 우뚝 선 사람들은 '성장 마인드 셋growth mindset'을 가지고 있다. 반면에 '고착 마인드 셋fixed mindset'을 가진 사람들은 언제나 자신을 다른 사람들에게 입증해 보여야 한다는 강박감을 가지고 있음에도 불구하고, 자신의 재능을 100% 다 발휘하지 못하고 성장과 발전이 멈춘 상태에서 평생 살아간다. 나약한 생각을 하는 사람들은 아무리 노력을 해도 '나는 절대로 더 발전하지 못해'라고 생각하기 때문에 눈에 띌 만한 성장을 하지 못한다. 사람을 성장시키는 원리는 자신이 성장할 수 있다는 확고한 신념과 강력한 생각이 토대가 된 훈련이다. 잠재의식은 마음의 상태, 생각이 어떤 종류인지 분명하게 알고 있기 때문이다. 동기 부여를 연구하는 미국의 심리학자 캐럴 드웩**Carol Dweck**은 자신이 발전할 수 있다는 믿음의 힘에 대해 말했다.

우리는 타고난 유전자가 모두 다르고 저마다의 기질과 적성으로 살아간다. 각자 뇌를 발달시키는 능력에도 차이가 있다. 그런데 최근 과학자들의 연구에 따르면, 사람이 평생 공부를 통해 뇌를 발달시키는 능력이 이제껏 알려진 것보다 훨씬 크다. 지능 분야의 대가 로버트 스턴버그**Robert J. Sternberg**도 전문 기술을 익히는 데 가장 중요한 요소는 '태어나면서 정해진 능력'이 아니라 '목적이 분명한 노력'이라고 주장한다.

생각의 힘은
재능을 뛰어넘는다

성취할 수 있을 만큼 스스로 성장할 수 있다고 생각할 때, 노력이나 연습이 의미가 있으며, 효과를 발휘하게 된다. 즉 파워 씽킹이 성장의 선택이 아닌 필수 요소이며, 가장 중요한 시발점이 된다는 말이다. 고착된 마인드 셋을 가진 사람들은 아무리 열심히 연습해도 몸만 하는 것이고, 잠재의식 속에 숨어 있는 마음을 다 활용하지 못한다. 그 결과 아무리 해도 성장할 수 없다. 성취할 수 없다는 나약하고 부정적인 생각에 영향을 받기 때문이다. 부정적이고 나약한 생각이 자신의 한계를 만들어버린다. 그 결과 성장하지 못하게 되고, 평범한 수준에 머무르는 삶을 살게 된다.

'탁월함은 재능에서 나온다'라는 통념이 우리에게 얼마나 큰 해를 끼칠까?

재능이 성공과 실패를 결정짓는 것이라는 고정관념이 어떻게 결과를 규정하고, 다르게 만들까? 똑같은 결과에도 왜 어떤 사람은 도전을 멈추지 않은 반면 어떤 사람은 도전을 멈추고 좌절과 절망 속에서 벗어나지 못할까?

동료 교수와 함께 드웩은 초등학교 5학년생과 6학년생 330명을 선정해 그들이 재능과 지능에 대해 어떤 생각을 하는지에 대해 조사했다. 그들의 생각에 따라 두 그룹으로 나누었다.

첫 번째 그룹은 지능이 유전으로 결정된다고 믿는 아이들이었다. 즉 재능에 대한 일반적인 관념에 동의하는 '고정형 사고방식'을 지닌 학생들이다. 자신의 지능과 재능은 이미 태어날 때부터 정해져 있으므로 아무리 노력해도 소용이 없다는 사고방식을 지녔다.

두 번째 그룹은 노력으로 지능이 바뀔 수 있다고 믿는 아이들이었다. 재능은 얼마든지 노력을 통해 성장할 수 있다는 '성장형 사고방식'을 지닌 학생들이다.

드웩은 두 그룹의 학생들에게 열두 개의 문제를 풀게 했다. 열두 문제 중에 마지막 네 문제는 학생들의 학업 수준에 비해 엄청나게 어려운 문제였다.

쉬운 문제를 풀 때는 두 그룹 사이에 별반 차이가 없었지만, 어려운 문제에 직면하게 되자, 두 그룹의 패턴이 완전하게 달라졌다.

첫 번째 그룹은 어려운 문제를 만나자 자신의 지능이 좋지 못하다는 사실에 더 집중하면서 문제 해결 능력이 현저하게 떨어졌으며, 결과적으로 시험 점수도 낮았다.

두 번째 그룹은 어려운 문제를 만나도 자신의 실력은 계속해서 향상될 수 있다는 긍정적인 생각을 하면서 문제 해결 능력을 유지했고 어려운 문제들을 푸는 과정에서 새롭고 정교한 전략을 스스로 깨우쳐갔다. 성장형 사고방식을 가진 학생들은 고정형 사고방식을 가진 학생들과 비슷한 수준이었지만, 어려운 문제를 풀수록 더욱더 실력이 향상되어 자신의 수준보다 훨씬 어려운 문제까지도 풀었다.

어려운 문제에 직면하자 확연한 차이가 생겼다. 차이는 재능이 아닌 전혀 다른 이유로 생긴다.

그것은 바로 학생들 각자의 신념, 즉 사고방식, 어떤 생각을 하느냐였다. 자신의 실력이 향상될 수 있다고 믿은 두 번째 그룹은 어려운 문제에 부딪혀서도 끈질기게 노력하고 긍정하며 시도를 포기하지 않았지만, 실력이 고정되어 있다고 믿는 첫 번째 그룹은 어려운 문제에 부딪히자 쉽게 포기했다. 이번에도 파워 씽킹이 성공하는 자와 포기하는 자의 차이를 만들었다.

믿는 것이
성공이다

성공하는 사람들이 항상 성공만 한다고 생각하면 틀렸다. 위대한 성공을 성취한 이들의 삶을 자세히 들여다보면, 성공보다 실패가 더 많았다는 사실에 의아해할지도 모른다. 하지만 그들의 삶을 들여다보면 더 많이 실패하고, 더 큰 시련을 겪을수록 더 크게 성장하고 더 많이 성공할 수 있다는 걸 알 수 있다. 실패하는 사람들뿐만 아니라 성공하는 사람들도 비슷한 실패를 많이 경험한다. 하지만 이들을 성공과 실패로 가르는 것은 실패에 대해 이들이 어떻게 생각하고, 어떻게 대응하느냐 하는 사고방식과 행동의 차이에 달렸다.

실패하는 사람들은 실패를 통해 그 결과로 '나는 할 수 없다'는 생각의 감옥 속에 자신의 능력을 가두어버린다. 하지만 성공하는 사람들은 실패를 통해 다음에는 성공할 수 있다고 생각하고, 자신의 능력을 스스로 제한하거나 생각의 감옥 속에 가두지 않는다. 결국, 강력하고 큰 생각을 하는 사람이 궁극적으로 성공을 할 수 있게 된다. 이런 점에서 성공과 실패를 가르는 것은 바로 '생각'인 것이다.

《나를 부자로 만드는 생각》의 저자인 로버트 콜리어**Robert Collier** 역시 성공으로 가는 가장 중요한 열쇠는 '자기 자신을 마음속 깊이 믿는 것'이라고 말했다.

그의 말에 따르면 미국 역사를 통틀어 가장 위대한 사람은 미국 심리학의 아버지라고 불리는 윌리엄 제임스이다. 그는 심리학 분야에서 최고의 권위자였다. 그의 학문적 가치는 현대의 심리학자들을 통해 더욱 인정되고 있다. 그는 "성공을 확신할 수 없는 일일지라도 그 일을 시작하는 순간부터 앞으로의 성공을 믿어 의심치 않는 것, 그것이 바로 신념이다"라고 말했다.

성공으로 가는 가장 중요한 열쇠는 우선 확신하고 시작하는 데 있다. 콜리어의 친구이자 정신과 의사인 스마일리 블랜튼 박사는 "환자들이 회복하도록 돕는 일에서 환자 자신이 믿음을 갖게 하는 것이 중요하다"고 말한다. 어떤 일에 성공하느냐 못하느냐의 여부는 믿음을 가지고 임하느냐 아니냐에 달려 있다는 것이다.

성공의 열쇠는
성공에 대한 확신이다.

그 확신은 상식하고 큰 생각으로부터 비롯된다. 그리므로 성공의 열쇠는 파워 씽킹이다. 우리가 아무리 열심히 일하고, 연습하고, 훈련한다고 해도 성공의 열쇠인 파워 씽킹을 하지 않고, 막상 실패나 한계에 대한 두려움과 절망으로 젖어 있다면, 모든 수고와 연습과 훈련은 물거품이 될 것이고 모든 노력은 허사로 돌아가게 될 것이고, 결국 성공은 불가능한 일이 되어버릴 것이다.

성공이든 실패든 우리는 스스로가 생각하는 방향을 향해 자신도 모르게 나아가게 된다. 그러므로 '나는 반드시 성공할 것이다'라는 생각이 성공하고자 하는 사람에게는 가장 필요한 것이다.

생각이 강하고 뛰어난 사람이 왜 성공 확률이 높을까? 그것은 생각이 강하고 뛰어난 사람은 어디에 가도 언제나 수요가 부족하기 때문이다. 그렇기 때문에 생각이 뛰어난 사람들은 어디에 가도 환영을 받고 지도자가 될 수 있다. 생각이 강하고 뛰어난 사람들은 언제나 새로운 아이디어가 있고, 무엇을 하는 것이, 혹은 무엇을 하지 않는 것이 자신과 공동체를 위해서 유익한 일인지를 정확하게 판단할 수 있고, 필요시에는 강력한 추진력으로 일을 성사시킬 수 있는 사람이다. 공동체와 대중들도 이런 사실을 잘 알고 있으므로 생각이 강하고 뛰어난 사람들, 파워 씽커들을 추종하고 따르게 된다.

존 맥스웰은《생각의 법칙》에서 "생각이 뛰어난 사람들은 언제나 수요가 부족하다"고 말했다. '어떻게'를 알고 있는 사람은 언제든 일자리를 얻지만, '왜'를 생각하는 사람은 그의 보스가 될 것이라고 지적하면서 "생각이 뛰어난 사람은 문제를 해결하며, 조직을 만들 수 있는 아이디어가 모자라는 법이 없다. 또한, 그들에게는 언제나 더 나은 미래를 향한 희망이 있다"라고 주장했다.

학벌이 좋고 능력이 뛰어난 사람보다, 지식이 많은 사람보다 생각이 뛰어난 사람들이 더 주목을 받고, 더 실력을 발휘하고, 세상에 없던 제품과 서비스, 기업을 만들어낸다.

파워 씽킹은
최고의 창조 에너지

파워 씽킹은 창조적인 에너지이다. 그런데 왜 사람들은 그 강력한 에너지를 제대로 발견하지 못하고, 활용하지 못할까? 그

것은 우리가 잘못된 사고, 즉 부정적인 사고를 하므로 강력한 에너지를 파괴적인 활동에 사용하기 때문이다.

《생각을 생각하다》의 저자 버나드 골든Bernard Golden 박사의 주장도 이와 다르지 않다. 부정적 사고는 창의력을 억누른다. 우리의 생각은 가장 창조적이고 강력한 에너지이지만 부정적인 사고, 왜곡된 사고, 나약한 사고는 우리에게 파괴적이고 나쁜 영향을 끼칠 수 있다. 생각은 양날의 검이다.

인지심리학 연구에 따르면, 왜곡된 생각을 계속 유지할수록 부정적인 감정에 노출될 확률이 점점 높아진다. 절망감이나 불안감을 끌어내는 왜곡된 사고 형태는 따로 있는데, 첫 번째로 극단적으로 생각하며 모든 경험을 서로 조화를 이룰 수 없는 두 가지 범주 중 하나로 해석하는 '이분법식 사고'가 있다. 두 번째로는 '지나친 일반화'가 있다. 별개의 사건들을 근거로 결론을 도출하고 아무 상황에나 그 규칙을 적용하는 사고 형태이다. 마지막으로 긍정적인 면을 깎아내리며 동시에 부정적인 면만 강조하는 '부정적인 사고'도 있다. 이와 같은 왜곡된 사고는 창의력을 억누르며, 창의력을 억제하는 요인은 모두 이러한 사고에서 비롯된다고 한다.

생각은 가장 창조적이고 강력한 에너지이지만, 그 생각이 제대로 창조성을 발휘하지 못하도록 하는 것도 또한 생각이다.

창조적인 사람과 그렇지 못한 사람의 유일한 차이는 바로 생각이다.

이러한 사실을 밝혀낸 학자가 바로 창의성 분야의 대가이자 《생각의 혁명》이란 책의 저자인 로저 본 외흐Roger von Oech이다. 그는 창의성 분야의 대가답게 창의성에 영향을 미치는 여러 가지 요인을 찾아내기 위해 성장 과정부터 교육 배경까지 많은 요인을 조사한 결과, 창조적인 사람들과 창조적이지 못한 사람들을 가르는 중요한 차이를 발견했다. 그것은 바로 '자신을 바라보는 생각'이었다.

"창조적인 사람은 스스로 창조적이라 생각하고, 그렇지 못한 사람들은 자신이 창조적이라고 생각하지 않는다."

결국, 자기 자신에 대해 스스로 어떻게 생각하느냐에 따라 사람은 그 생각대로 된다.

'난 절대 할 수 없어!'라고 부정적이고 나약한 생각을 하면 실제로도 그 생각대로 된다. 당신은 정말 아무것도 할 수 없는 사람이 된다. 생각은 창조의 도구이다. 스스로 창조적인 사람이라 믿고, 무엇이든 할 수 있다고 생각하라.

Small Tips for
POWER THINKING

1. 두뇌 능력은 무한대로 확장된다. 인간의 능력에 한계가 없다는 말은 진실로 받아들여지고 있다.

2. 고정형 사고방식을 버리고 성장형 사고방식을 믿어야 한다. 성장 마인드셋이야말로 성공의 열쇠이다.

3. 창조적인 사람과 창조적이지 않은 사람은 '자신을 바라보는 생각'에서 차이가 난다.

생각을 하려면
최대한 크게 하라

"한 인간의 현재 모습은 바로 스스로 그렇게 만든 결과이다."
—장 폴 사르트르

우리가 평범한 인생을 살아가는 단 한 가지 이유는 우리의 생각이 평범하기 때문이다. 생각이 평범하다는 것은 우리가 주도적으로 생각하지 않는다는 것을 의미하거나 혹은 나약하고 부정적이면서 남과 비슷한 생각만 하면서 살아간다는 것을 의미한다. 우리가 주도적으로 크게 생각하면 할수록 우리는 더 멋진 인생을 살아갈 수 있다. 멋진 인생을 살기 위해서 가장 필요한 것은 강력하고 큰 생각, 남과 다른 생각, 즉 파워 씽킹이다.

인생이 고통스러운 것은 우리가 남과 다른 큰 생각을 하지 않고, 이 세상이 우리에게 주는 평범한 생각의 틀 속에 갇혀 살아가기 때문이다. 똑같은 상황 속에서도 어떤 사람은 그 상황이 너무나 고통스러워 절망하고 주저앉는 사람이 있고, 반면에 어떤 사람은 대수롭지 않고 거뜬하게 극복하는 사람이 있다. 시련과 역경, 고난과 환경에 굴복당하는 사람이 될 것인가? 이겨내고 승리하고 행복한 삶을 거뜬히 살아내는 사람이 될 것인가?

차이를 만드는 것은 파워 씽킹이다. 남과 다른, 강력하고, 큰 위대한 생각이 파워 씽킹이다. 당신은 파워 씽킹을 할 수 있는가? 이것을 할 수 있는 사람은 삶이 달라질 뿐만 아니라 새로운 인생을 창조해나갈 수 있다.

노예 신분으로 철학자가 된 에픽테토스는 이렇게 말했다.

"인간은 사물로 인하여 고통받는 것이 아니라 그것을 받아들이는 관점(생각의 틀, 방향, 태도)으로 인해 고통받는다."

어떤 문제나 시련을 만나도 거뜬하게 이겨내고 극복할 수 있는 이유는 사고의 크기가 그 문제나 시련보다 훨씬 더 크기 때문이다. 어떤 문제를 만나서 그것을 극복해내지 못하는 이유는 사고의 크기가 그 문제보다 작기 때문이다. 즉 작고 나약하고 부정적인 생각을 하기 때문이다. 당신에게 강력하고 크고 남다른 생각인 파워 씽킹이 필요한 이유이기도 하다.

우리가 작은 일에도 쉽게 흔들리고, 힘들고 고통스러운 삶을 사는 이유는 생각의 크기가 매우 작고 나약하고 부정적이기 때문이다.

우리 앞에는 세 개의 병이 놓여 있다. 첫 번째 병은 1.5 리터 용량의 콜라병과 같은 크기로, 병 안에는 투명한 물이 가득 차 있다. 두 번째 병은 첫 번째 병보다 큰 욕조 정도의 크기, 마지막 병은 낙동강의 물을 다 담을 만큼 어마어마하게 크다.

이 병의 크기가 바로 생각의 크기이다. 여기에 똑같은 양의 빨간색 잉크 세 병을 부어보자. 첫 번째로 가장 작은 크기의 병 속 물은 빨간색으로 물들 것이다. 두 번째, 욕조 크기의 병 속 물은 첫 번째 병보다 연한 빨간색으로 물들 것이다. 마지막으로 가장 큰 병 속 물은 빨간색 잉크를 넣기 전과 후가 거의 차이가 없을 것이다.

빨간색 잉크는 바로 우리가 살아가면서 만나게 되는 시련과 역경, 문제와 고난이다. 우리가 크게 생각할수록 멋진 인생을 살아갈 수 있는 이유가 바로 이것과 같은 이치이다.

크게 생각해야 크게 성취할 수 있다. 데이비드 슈워츠가 쓴 《크게 생각할수록 크게 이룬다》란 책에 인상적인 대목이 나온다.

슈워츠는 어떤 회사의 영업사원 모임에 참석한 적이 있다.

그 자리에서 그 회사의 마케팅 담낭 부사상은 상낭히 늘는 모습이었다. 부사장은 회의실 연단에 올라 영업 직원들을 앞에 놓고 연설을 하려던 참이었다. 연단 바로 옆에는 그 회사에서 최고의 실적을 거둔 영업 직원이 서 있었다. 그는 아주 평범해 보이는 남자였다. 그러나 최근 1년 동안 다른 직원들의 수입은 평균 5,000달러에 그쳤지만, 그는 2만 5,000달러나 되는 수입을 올렸다. 부사장은 그 자리에 모인 사람들에게 이렇게 말했다.

"여기 해리를 주목하십시오. 그는 평균 실적의 5배나 되는 수입을 올렸습니다. 그렇다면 그가 남보다 5배나 영리했을까요? 인성 검사에 따르면 그렇지 않습니다. 그의 개인 능력은 거의 평균이었습니다. 그가 다른 사람보다 5배나 많이 일했을까요? 보고서에 따르면 그렇지 않습니다. 그렇다면 그가 좋은 담당구역을 배당받았을까요? 그것도 아닙니다. 그는 더 많은 교육을 받았을까요? 체력이 남보다 뛰어날까요? 그것도 아닙니다. 그가 여러분과 다른 점이 있다면 여러분보다 '5배나 크게 생각했다'라는 데 있습니다!"

부사장은 흥분된 어조를 말을 마친 후 마지막으로 덧붙였다. "성공이란 '재능의 크기'로 결정되는 것이 아니라 '생각의 크기'에 따라서 결정됩니다."

슈워츠는 그 장면을 흥미롭게 기억했다. 그리고 그가 시간이 흐르면서 많은 사람을 만나 이야기를 나누고 사람들을 관찰한 결과, 어떤 해답에 도달했다고 한다. 성공을 추구하는 사람들은 예금 액수도, 행복의 크기도, 일반적인 만족도의 크기도 생각의 크기에 의존하고 있다는 사실이었다. 그는 '크게 생각하는 것에는 어떤 마술이 숨어 있다'고 결론을 내렸다.

생각의 크기가 성공을 좌우하며 인생의 크기를 결정한다. 얼마나 크게 생각할 수 있는가가 당신이 얼마나 크게 성장하고 성공할 수 있느냐를 결정할 것이다.

크게 생각할수록 힘이 넘치게 된다

몸과 마음은 전혀 별개의 것이 아니라는 사실이 현대 의학과 뇌과학의 발달로 밝혀지고 있다. 우리가 어떤 생각을 하느냐에 따라 우리의 몸의 상태와 반응 정도가 확연하게 달라지기 때문이다.

위대한 인물들이 위대한 일을 해낼 수 있었던 결정적인 원인은 남다른 강력하고 크고 위대한 생각을 했기 때문이다. 위대하고 강력하고 큰 생각을 할 때 인간의 몸이나 정신은 더욱더 강해지고 더욱더 활기가 넘치게 되기 때문이다.

평범한 사람들은 월요일 아침에 일어나는 것이 가장 힘들다. 주말에 특별히 힘든 일을 하지 않았음에도 침대에서 일어나는 것이 너무나 힘이 드는 것은 월요일이기 때문이다. 우리의 무의식에는 월요일 아침에 출근하기 위해 일어나는 것만큼 괴롭고 힘든 것은 없다. 직장생활을 해본 사람이라면 누구나 다 공감하는 부분이다.

하지만 여행을 가는 월요일 아침이라면 어떨까? 그렇게 되면 상황은 완전히 달라진다. 보통 때 출근하기 위해 일어나야 했던 월요일 아침에는 그렇게 쏟아지던 잠이, 여행을 가기 위한 월요일 아침에는 온데간데없이 사라진다. 어제 아무리 힘든 일을 했더라도 몸이 매우 가볍고 기운이 샘솟는다. 당신의 생각에 따라 몸의 상태도, 기분도 달라진다.

"목표를 12층으로 정하면, 피로는 늦게 찾아올 것이다. 6층까지 올랐을 때 당신의 잠재의식은 말해줄 것이다. 아직 반이 남아 있으니 피곤해하긴 이르다고, 그러면 당신은 용기를 내서 계속 올라갈 수 있을 것이다."

카네기의 이 말은 우리에게 매우 의미심장한 사실을 깨닫게 해준다. 그것은 바로 우리가 목표를 크게 잡게 되면, 똑같은 신체 조건의 똑같은 사람이라도 피곤을 느끼게 되는 시점이 달라진다는 놀라운 사실이다.

우리가 만약에 60층짜리 건물에 올라가는 것을 목표로 잡았다면, 최소한 30층까지 올라갈 때까지 우리의 무의식이 피곤해하긴 이르다고 우리에게 지시를 내릴 것이다. 하지만 만약에 우리가 30층까지 올라가는 것이 목표라고 잡았다면, 우리는 15층만 넘으면 피곤을 느끼게 될지도 모른다. 목표의 반을 넘었다는 안도와 생각이 우리를 제어하고 영향을 미치기 때문일 것이다.

젊었을 때 크게 성공한 사람들이 인생의 후반으로 갈수록 별볼 일 없어지는 경우가 많다. 그 이유는 젊었을 때 크게 성공하면 자만하고 안주하기 쉽기 때문이다. 그래서 옛날 사람들은 젊었을 때의 성공을 조심해야 한다고 늘 말하는 것이다.

"100리를 가는 사람은 90리를 반으로 여겨야 한다"라는 말이 있듯이, 우리가 목표를 높게 잡고 그것을 추구할 때 우리 자신의 능력을 뛰어넘어 더 높은 곳까지 이르게 된다. 강력하게 크게 생각할 줄 아는 사람만이 목표를 크게 잡고, 높은 곳을 향해 질주할 수 있다.

목표를 크게 잡아야
하는 이유

프랑스의 몽테뉴는 이렇게 말했다.

"인생의 가치는 살아가는 날들의 길고 짧음에 달린 것이 아니라, 우리가 그것을 얼마나 활용하느냐에 달려 있다. 인간은 오래 살고도 얼마 살지 못하는 수가 있다."

실제로 우리는 인생을 매우 비루하게 살다 갈 수 있다. 특히 이러한 비루한 삶은 큰 생각을 하지 않고 그저 하루하루 살아가는 사람들에게 많이 편중되는 경향이 있다. 생각이 우리의 인생을 좌우하기 때문이다.

나약하고 작은 생각만 하는 사람들에게는 자기만의 세상만이 존재할 뿐 타인의 삶과 다른 모든 이들의 넓은 세상이 존재하지 않는다. 그러므로 자신의 삶보다 비교도 못 할 만큼 큰 세상이 없는 상태로 살아가게 된다. 그렇다면 작은 생각만 하며 사는 사람들은 아무리 그들이 대도시의 중심에 살고 있다고 해도 작은 우물과 같은 자기만의 세상에서 평생 살아가고 있다.

이와 반대로 아무도 살지 않는 시골에서 혼자 산다고 해도 생각이 강력하고 큰 사람은 이 세상의 모든 사람과 소통을 할 수 있으며, 그런 사람들의 세상과 연결되어 있고, 그로 인해 큰 세상에서 살아가고 있는 것과 다르지 않다.

전 미국 대통령 도널드 트럼프Donald Trump는 한때 100억 달러나 되는 빚을 졌을 때도 있었다. 하지만 그는 파워 씽킹을 할 수 있는 사람이었다. 남다른 강력하고 큰 생각은 곧 어마어마한 빚을 다 갚게 해주었다. 실패를 이겨내고 억만장자로, 더 나아가 미국의 대통령까지 된 도널드 트럼프는 자신의 성공 비결을 한마디로 '크게 생각하고 과감하게 행동했기 때문'이라고 말한다.

"어쨌든 여러분은 생각해야 합니다. 그렇다면, 크게 생각하십시오."

일을 작게 벌이는 편보다 일을 크게 벌이는 편이 성공하기 더 쉬운 법이다. 그렇게 하기 위해서는 당연히 크게 생각할 줄 아는 사람이 되어야 한다. 그리고 더 크게 생각하는 사람이 되기 위해 크게 생각할 줄 아는 사람들을 만나 시간을 보내야 한다.

생각이 큰 파워 씽커는 모호함에서도 편안함을 느낀다. 모순적인 많은 생각을 마음속으로 능숙하게 다룰 줄 안다. 평범한 것에 연연하지 않는다. 모든 경험을 통해 배울 수 있는 사람들이다. 그들은 성공뿐만 아니라 실패에서도 배울 줄 안다. 큰 생각을 하는 사람들은 큰 세상을 내다볼 줄 알기 때문에 세상의 흐

틈에 서스르며 나아살 줄노 안나.

생각이 작고 편협하고 나약할수록 목표나 꿈도 작아지고 심지어는 뚜렷한 목표나 꿈도 없이 그저 살아가게 되는 인생을 살기 쉽다.

지금의 형편이나 처지를 생각할 때 도저히 상상도 하지 못할 큰 목표를 잡아야 한다. 왜 목표를 크게 잡아야 할까?

목표를 크게 잡을수록 더 많은 관심을 끌게 되고, 더 많은 가능성과 기회를 발견하게 되고, 더 많은 일을 시도하게 되고, 더 많은 사람과 만나게 된다. 그리고 이러한 경험들은 고스란히 당신을 더 큰 사람으로 성장시켜주는 밑거름이 되어준다.

목표를 크게 잡는 사람은 어떤 문제가 직면했을 때 그 문제에 매몰당하거나 끌려다니지 않는다. 그 문제를 주도적으로 관리하며 하나씩 해결한다. 하지만 목표가 작은 사람은 어떤 동일한 크기의 문제가 직면했을 때, 만사를 제쳐놓고 그 문제에 완전히 압도당해서 질질 끌려다닌다. 결국, 그 문제조차 완벽하게 해결하지 못하게 되는 것이다. 문제보다 자기 생각과 목표가 작으므로 문제에 쉽게 장악당하게 되는 것이다.

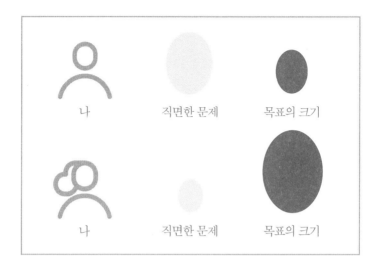

첫 번째 그림은 목표가 작은 사람을 나타낸다. 목표가 작아서, 항상 문제가 목표보다 커 보인다. 목표에 대한 집중력이 떨어질 수밖에 없고, 눈앞의 문제에 끌려다니게 된다. 두 번째 그림은 목표가 큰 사람을 나타낸다. 목표가 문제보다 훨씬 더 큰 사람은 문제가 있다 해도 목표를 항상 볼 수 있다. 따라서 항상 목표에 집중할 수 있다.

파워 씽커는 큰 목표를 세우는 사람이다.

작고 나약한 생각을 하는 사람은 큰 목표를 세울 수 없다. 작은 목표를 세운 사람들은 하루에도 몇 번씩이나 부딪히게 될 여러 가지 문제들로 인해 목표를 시야에서 놓친다. 그렇게 되면 목표에 대한 의지나 실행력, 추진력이 사라지게 될 수밖에 없다. 작은 목표를 세운 사람들의 가장 큰 문제는 목표를 달성했다고 해도 인생이 크게 달라지지 않는다는 것이다. 쥐들의 경주에서 1등을 해도 여전히 쥐인 것처럼 말이다.

큰 목표를 세운 사람들은 다르다. 어떤 문제에 직면한다 해도 목표가 크기 때문에 목표를 자각하고, 그 결과 목표에 꾸준히 헌신한다. 이것뿐만 아니라 목표가 큰 사람들은 문제에 쉽게 압도당하지 않는다. 목표가 너무나도 크기 때문이다. 문제에 압도당하지 않게 될 때 우리는 좀 더 현명한 해결책을 찾아낼 수 있는 확률이 높아진다. 목표가 큰 사람들이 진짜 좋은 점은 목표를 달성했을 때 인생이 완벽하게 달라진다는 점이다. 새로운 세상을 창조한 것과 다름없다.

큰 문제 앞에서도 압도당하지 않고 이겨내는 경험을 통해 파워 씽커는 한 단계 더 성장하고 큰 사람이 된다. 문제는 성장의 기회를 내포하고 있다. 나약하고 작은 생각만 하는 사람은 성장하지 못하고 점점 더 나약해지지만, 파워 씽커는 늘 성장한다. 위기나 문제에 직면한 사람이나 기업들이 그것을 잘 해결했을 때 오히려 더 급속도로 성장과 발전을 경험하게 되는 것이다. 파워 씽킹은 크고 충만한 인생을 창조하며 살아갈 수 있게 해준다.

Small Tips for
POWER THINKING

1. 크기는 중요하다. 생각의 크기는 곧 성공의 크기, 인생의 크기를 결정한다.

2. 목표를 크게 세워야 한다. 예상되는 문제나 장애물보다 더 큰 목표를 세우면 중간에 흔들리지 않는다.

3. 목표 크게 잡기의 최대 이점은 목표를 달성했을 때 인생이 완전히 달라진다는 것이다.

POWER

파워 씽커들의
생각법

Thinking

POWER
Thinking

"남보다 2배 생각하는 사람은
10배의 수입을 올릴 수 있다.
3배 생각하는 사람은
100배의 돈을 벌 수 있다."

― 오마에 겐이치

위대한 사업가들의 성공 비밀

> "사업으로 성공한 사람들은 생각으로 성공한 것이다.
> 그들의 손은 머리를 도운 것뿐이다."
> —클로드 브리스톨

위대한 기업으로 도약하는 회사와 위대한 경영자들에게는 한 가지 공통점이 있다. 바로 '생각을 중요시하고, 항상 생각하며, 생각하기 위한 시간을 먼저 확보하기 위해 큰 노력을 한다는 것'이다.

인류에게 스마트폰 혁명을 불러일으킨 스티브 잡스가 항상 강조한 것은 애플의 슬로건이기도 한 'Think different(다르게 생각하라)'였다. 생각도 하지 않는 사람들과 기업은 남과 다르게 생각하는 것이 무슨 의미인지조차도 모를 것이다. 남과 다른 생각을 할 줄 아는 파워 씽커였기 때문에, 스티브 잡스는 혁신기업을 창조할 수 있었고, 혁신의 아이콘이 될 수 있었다. 그 힘은 바로 파워 씽킹이다.

전 세계에서 가장 많은 수익을 올리는 기업 중 하나인 마이크로소프트의 CEO였던 빌 게이츠도 생각의 중요성을 누구보다 잘 알고 있었다. 그는 아무의 방해도 받지 않는 곳에서 1년에 두 번, 각각 일주일씩 생각주간을 보낸다. 외부 세계와 동떨어진 외딴 별장에서 생각만 하는 것이다. 일보다 생각을 하도록 유도하기 위해 임원과 간부들에게도 생각주간을 보내도록 권한다. 일을 더 많이 하라는 게 아니라 생각을 많이 하라고 권장하는 것이다.

IBM의 창립자인 토머스 왓슨이 강조한 것도 역시 'THINK (생각하라)'였다. 《꿀벌과 게릴라》의 작가이자 경영 구루인 게리 해멀 런던비즈니스스쿨 교수는 1990년대 초 적자의 IBM을 살린 것은 기술이나 지식이 아니라 혁신적인 '생각'이었다고 주장한다. 투자의 귀재, 버크셔 해서웨이의 회장인 워런 버핏은 "하루 24시간 회사에 대해 생각한다"라고 직원이 말한다. 그의 성공적인 투자 비결은 그 무엇보다도 더 큰 '생각'에 있었다.

평범한 생각은
위험하다

세상에 평범한 회사는 많다. 좋은 회사, 망하지 않는 회사, 꾸준히 성장하는 회사는 셀 수 없이 많다. 그러나 위대한 기업, 세계적으로 알려진 회사는 손에 꼽을 정도로 드물다. 왜 좋은 회사는 차고 넘치지만 위대한 회사는 찾아보기 힘든 것일까?

평범하고 좋은 회사들이 '위대한 생각'을 하지 않기 때문이다. 그들은 지금 현재의 순간에 만족하고 안주해버린다. 평범한 생각은 이렇게 위험하다고 할 수 있다.

스탠퍼드대학교 경영대학원의 교수로, '미국 경영학의 대부'라 불리는 짐 콜린스Jim Collins는《좋은 기업을 넘어 위대한 기업으로》에서 좋은 것good은 큰 것great, 거대하고 위대한 것의 적이다. 그리고 거대하고 위대해지는 것이 그토록 드문 이유도 대개는 바로 그 때문이라고 말한다. 그의 말에 따르면 거대하고 위대한 학교는 없다. 대부분은 좋은 학교들이 있기 때문이다. 거대하고 위대한 정부는 없다. 대부분은 좋은 정부가 있기 때문이다. 위대한 삶을 사는 사람은 아주 드물다. 대부분은 좋은 삶을 사는 것으로 만족하기 때문이다. 대다수 회사는 위대해지지 않는다. 바로 대부분 회사가 제법 좋기 때문이다. 그리고 그것이 그들의 주된 문제점으로 지적되고 있다. 왜냐하면, 그럭저럭 괜찮은 회사라고 안주하기 때문에 '위대한 기업'으로 도약하지 못하는 것이다.

좋은 기업이 위대한 기업으로 도약하지 못하는 결정적인 이유는 '우리 회사는 그럭저럭 괜찮은 회사'라고 생각하기 때문이다. 이런 생각이 작은 생각이다. 그러한 생각은 나태하게 만들고 안주하게 한다. 평범한 사람들과 평범한 기업들은 공통점이 있다. 평범하고 나약하고 작은 생각만 한다는 것이다.

남다른 생각만이
사업의 성공을 가져온다

우리나라처럼 기업을 하기 힘든 곳에서 세계적인 기업을 창출해낸 고故 이건희 회장의 비결도 바로 남과 다른 생각이었다. 이건희 회장이 삼성에 처음 취임했던 40년 전에는 삼성은 그야

밀로 우물안 개구리와 같은 이류나 삼류 회사였다. 당시 삼성과 규모가 비슷한 회사는 국내에도 수없이 많았다. 하지만 30년 만에 이건희 회장은 300배 성장이라는 엄청난 도약을 이루어 냈다.

1987년 삼성의 시가 총액은 1조 원 정도였다. 하지만 이건희 회장이 삼성을 맡아서 경영하고 나서 30년 후인 2017년에는 300조 원으로 도약을 했다. 이건희가 삼성그룹 회장이 된 직후 삼성을 조사하고 보고서를 올린 후쿠다 고문에 따르면 삼성은 그야말로 기본적인 체계도 잡히지 않은 구멍가게와 같은 회사였다.

"삼성전자에는 삼성 병이 있다. 소비적이며 비계획적이고, 철저하지도 구체적이지도 못하다. 마이크로micro와 매크로macro도 구분하지 못한다. 삼성 병을 고치지 못하면 삼성은 망한다."

이것이 일본인 고문이 올린 '후쿠다 보고서'의 일부 내용이다. 더욱더 충격적인 사실은 당시 삼성에는 제대로 된 상품기획서는 말할 것도 없고, 어설프게 흉내라도 낸 상품기획서조차도 없었다는 것이다. 후쿠다 보고서의 내용 중에 또 이런 대목이 있다.

"오늘날은 디자인의 시대인데도 불구하고 삼성 사람들은 패션 디자인에만 집착할 뿐 공업 디자인이나 상품 디자인은 이해하지 못하고 있다. 새로운 상품을 생산할 때 아직도 상품기획서가 없는 회사가 삼성이다."

아무리 우수한 인력과 기술력을 갖춘 세계 최강의 기업들조차 변혁의 시대에는 추풍낙엽처럼 고전을 면치 못하는 것이 지금의 기업 상황이다. 소니Sony나 노키아Nokia 같은 전설적인 기업들도 거의 망했다. 하지만 삼성은 달랐다.

이건희 회장이 이렇게 삼류 삼성을 세계 초일류 기업으로 성장할 수 있게 이끈 비결이 있다. 바로 사색과 입체적 사고를 하는 습관 덕분이다. 관찰하고 사색하고 스스로 생각하는 것을 좋아하도록 훈련된 사람은 많지 않다. 하지만 이건희 회장은 입체적 사고 능력이 높은 수준에 도달해 있었다. 이건희 회장은 파워 씽킹의 대가였다. 강력하고 남다른 큰 생각을 누구보다 잘하는 인물이었다.

그는 초등학교 시절 '선진국을 배우라'는 아버지 이병철의 권유로 일본에서 생활했는데, 외로운 시간을 이겨내기 위해 수천 편의 영화와 다큐멘터리를 보면서 사고 훈련을 하게 되었다. 그때 이건희 회장은 입체적으로 생각하는 사고의 틀을 만들었다.

"그저 생각 없이 화면만 보면 움직이는 그림에 불과하지만, 여러 각도에서 보면 한 편의 소설, 작은 세계를 만나게 된다. 이런 시으로 영화를 보려면 처음에는 무저 힘들고 바쁘다. 그러나 그것이 습관으로 굳어지면 입체적으로 생각하는 '사고의 틀'이 만들어진다. 음악을 들을 때나 미술 작품을 감상할 때, 또 일할 때도 새로운 차원에서 눈을 뜨게 된다."

생각 없이 화면만 보면 움직이는 그림에 불과하다. 우리의 삶도 생각 없이 살아가게 되면 단순한 시간의 흐름과 일상의 반복에 지나지 않는다. 이런 삶은 10년이 지나고 30년이 지나도 발전과 성장이 없다. 창조성, 남과 다르게 생각하는 사고의 능력과 과정이 빠져 있기 때문이다.

생각에 뛰어난 자들이 위대한 기업을 만들어낸다.

세계적인 기업인 마이크로소프트를 만들어낸 빌 게이츠, 애플을 만들어낸 스티브 잡스, IBM을 창업한 토머스 왓슨, 한국을 대표하는 초일류 기업 삼성을 만든 이건희는 모두 파워 씽커였다.

"사업으로 성공한 사람들은 생각으로 성공한 것이다. 그들의 손은 머리를 도운 것뿐이다."

사업가이자 성공학 작가 클로드 브리스톨**Claude M. Bristol**은 사업의 성공과 실패를 가르는 것은 바로 인간의 생각이라고 주장했다. 능력이나 기술이나 자본보다 더 중요한 것이 생각이라는 것이다. 그렇다. 위대한 기업가, 위대한 투자가, 위대한 발명가, 위대한 과학자, 위대한 사람들은 모두 생각의 달인이다.

Small Tips for
POWER THINKING

1. 생각을 많이 하고, 다르게 하고, 크게 하는 것이 리더에게 필요한 생각법이다.

2. 비즈니스에서 평범한 생각은 위험하다. 하던 대로 잘 유지만 해서는 생존할 수 없다.

3. 생각에 뛰어난 사람이 위대한 기업을 만들어낸다. 리더는 생각의 달인이 되어야 한다.

생각의 힘으로
천재가 된 사람들

"사람들은 내가 쉽게 작곡한다고 생각하지만 그건 착각이다.
사실 나만큼 작곡에 많은 시간과 생각을 바치는 사람은 없다."
—모차르트

천재는 태어나는 것일까, 만들어지는 것일까? 우리가 알고 있는 유명한 천재들은 모두 만들어졌다. 그렇다면 남들보다 압도적으로 많은 시간 연습하고, 노력했음에도 천재로 도약하지 못하는 사람이 분명 존재한다. 천재로 도약하는 사람과 못하는 사람의 차이는 무엇일까?

보통 사람들은 모차르트를 두고 '음악의 신동'이라 생각한다. 하지만 대다수 천재에 대한 고정관념은 사실무근이라는 것이 속속 밝혀지고 있다. 모차르트도 이런 사실에 대해 예외가 아니었다. 그는 초창기에 표절의 명수였다. 그리고 우리가 알고 있는 것처럼 어린 시절부터 걸작을 작곡한 것이 아니었다.

천재는
생각의 달인이다

모차르트에 관해 오랫동안 연구해오고 있는 심리학자 마이클 호위Micheal Howe는 자신의 저서인《천재를 말하다》란 책에서 모차르트에 대해 설명한다. 숙달된 작곡가의 기준에서 볼 때 모차르트의 초기 작품은 놀라운 수준이 아니라는 것이다. 현재 걸작으로 평가받는 〈피아노 협주곡 9번〉은 스물한 살 때부터 작곡했는데 이는 모차르트가 협주곡을 만들기 시작한 지 10년이 흐른 시점이었다.

탁월한 클래식 음악 평론을 써서 퓰리처상을 수상한 미국의 음악평론가 해럴드 C. 숀버그Harold C. Schonberg는 "모차르트의 위대한 작품들이 작곡을 시작한 지 20년이 지나서야 나오기 시작한 것으로 보아 모차르트의 재능은 늦게 개발되었다"라고 주장했다.

한 가지 분명한 사실은 모차르트 역시 타고난 천재가 아니라 천재로 도약을 했다는 사실이다. 그가 천재로 도약하는 데 필요했던 것이 '1만 시간의 법칙'에 해당하는 노력과 연습과 훈련이었을까? 그것이 전부였을까? 그는 다음과 같이 말한 적이 있다.

"사람들은 내가 쉽게 작곡한다고 생각하지만 그건 착각이다. 사실 나만큼 작곡에 많은 시간과 생각을 바치는 사람은 없을 것이다. 내가 유명한 작곡가의 음악을 수십 번에 걸쳐 하나하나 연구했다는 것을 누가 알까?"

그의 말에서 그동안 알지 못했던 중요한 한 가지 사실을 발견할 수 있다. 바로 그가 엄청난 연습뿐만 아니라 엄청난 생각을 했다는 사실이다. 이것이 남다른 점이다.

예술가들은 흔히 감정적일 것이라고 생각하기 쉽다. 그러나 의외로 이들은 감성에 젖어 있는 시간보다는 생각을 즐기는 시간이 많다. 앞서 살펴봤듯이 프랑스 출신의 미국의 추상표현주의 조각가 루이스 부르주아도 "깊이 생각하고 말해야 할 것과 그것을 어떻게 번역해야 할지 고민한다"고 고백한 바 있다. 프랑스의 위대한 예술가인 마르셀 뒤샹과 천재화가로 알려진 파블로 피카소 역시 자신이 보고 있는 것을 생각하고 또 생각하라고 말했으며, 더 나아가 보이는 것 너머에 있는 존재까지 찾으라고 말한다. 조각가들은 바로 이 보이는 것 너머를 표현한 대표적인 사람들이다. 생각하고 만들어내면 바로 예술이 되는 것이다. 눈에 보이는 것이 아니라 생각하는 것을 밖으로 끄집어내는 것이야말로 시대를 초월해 사람들의 사랑을 받는 작품이 되는 것이다.

그림을 그리고 조각하는 예술가들은 생각의 중요성을 강조하고 있다. 위대한 천재, 위대한 예술가들은 모두 생각이 남다르고, 생각의 차원이 다르고, 생각의 수준이 놀라웠다. 무엇보다 그들은 모두 생각의 달인이었다. 그들은 모두 생각의 중요성을 잘 알고 있었던 생각의 고수였다. 평범한 예술가들, 평범한 사람들은 일만 하고, 그림만 그리고, 작곡만 하고, 작품을 만들기만 한다. 위대한 예술가들은 생각을 한다. 그것도 강력하고 수준 높고 차원이 다른 생각을 말이다.

**천재를 만든 것은
연습, 노력, 훈련이 아닌
생각이었다.
강력하고 남다르고 큰 생각은
천재에게 반드시 필요한 특성이었다.**

위대한 운동선수의 조건

생각이 위대한 인물을 만든 경우가 예술가로 한정되는 것은 아니다. 어떤 분야의 스포츠 종목이든 그 분야에서 최고의 선수가 되는 데 필요한 것은 탁월한 재능이나 오랜 시간의 훈련이나 연습뿐만이 아니다. 이러한 것들보다 더 중요하고 더 필요한 것은 '경계가 없는 유연한 사고'이다. 이러한 사실에 대해 〈타임스〉의 현직 기자이자 올림픽 탁구 선수 출신인 매슈 사이드는 저서 《베스트 플레이어》에서 다음과 같이 설명했다.

베스트 플레이어는 유연하게 생각하기 위해 자기 영역에 갇혀 살지 않는다. 재능이 있어야만 성공할 수 있다는 고정관념을 거부하고 세상 사람들이 당연하다고 여기는 통념에 시비를 건다. 그것은 세상과의 갈등이 아니라 내면의 싸움에 가깝다. 재능이 없다고 스스로 생각하는 부정적 사고, 환경이 받쳐주지 않아 어쩔 수 없다는 패배주의 등 내부에서 솟아나는 장애물과 맞서 싸워야 하는 것이다.

물론 세상의 수많은 한계와 통념에도 당당히 맞서야 한다. 베스트 플레이어는 최대한 자신에게 유리한 상황을 만들어야 할 필요가 있다. 자신에게 불리하게 작용하는 사실이나 상황은 되도록 멀리한다. 객관적인 증거나 사회적인 통념이 작용하는 문제에서도 그것을 의심하며 자신에게 유리한 사실만을 믿으려고 한다.

이런 사고방식은 위기 상황을 벗어나려는 긍정적인 노력, 경계를 넘나들며 유연하게 생각하는 태도에서 나온다. 불가능을 가능으로 바꾸려면 어떻게 해서든 기존의 틀에서 벗어나야 하고 그러려면 유연한 사고를 해야만 한다. 그것이 남다른 경지에 도달할 수 있는 핵심 요소이다.

위대한 선수가 되는 데 필요한 첫 번째 조건은 불가능을 가능으로 뒤바꿔 생각할 줄 아는 경계 없는 유연한 사고라고 할 수 있다. 아무리 전문가들이 인간의 신체적 조건이 그것을 해낼 수 없다고 하더라도 자신은 그것을 할 수 있다고 하는 그런 생각을 하는 사람만이 그것을 해낸다는 것을 우리는 잘 알고 있다. 육체적 능력은 사고의 크기로 정해진다. 따라서 우리는 한계나 경계가 없는 큰 생각으로 우리의 능력을 더 키워나가야 한다.

경계가 없는 유연한 사고는 강력해야 한다. 불가능을 가능으로 바꿔 생각할 줄 알아야 하기 때문이다. 경계가 없는 유연한 사고는 커야 한다. 작고 나약한 생각은 늘 틀 속에, 경계 속에 갇히기 때문이다. 경계를 뛰어넘기 위해 남과 다른 생각을 해야 한다. 결국 경계가 없는 유연한 사고는 넘나드고, 깅럭허고 큰 생각, 즉 파워 씽킹의 다른 이름에 불과하다.

최고의 선수도 역시 파워 씽킹에서 비롯되고 완성된다. 파워 씽킹은 모든 것을 바꾸어놓고, 새로운 것을 창조한다. 파워 씽킹이 위대한 선수를 만든다.

책 《베스트 플레이어》의 원제는 'Bounce'다. 저자는 제목의 첫 이니셜을 통해 베스트 플레이어들의 도약 원천을 설명하기도 했다.

- **B**oundless Thinking: 경계 없는 유연한 사고를 하라
- **O**nly One: 유일무이함을 추구하라
- **U**nreachable Standard: 도달할 수 없는 기준을 설정하라
- **N**ever ending Practices: 훈련만이 완벽함에 이르는 지름길이다
- **C**hallenge the status Quo: 한계에 도전하라
- **E**xceptional Energy: 주체할 수 없는 에너지를 발산하라

저자는 영국을 대표하는 탁구선수가 된 원동력을 6가지, 즉 사고, 유일무이함, 높은 기준, 훈련, 도전, 에너지라고 말한다. 그의 말처럼 우리가 최고의 선수가 되고자 한다면 유연한 사고를

해야 한다. 사고가 굳어져버린 선수는 더 성장과 발전을 기대할 수 없다. 유연하게 사고하지 않으면, 아무리 많은 시간을 들여서 연습한다고 해도 효과는 매우 미미할 수밖에 없다. 똑같은 시간, 똑같은 연습을 해도 자신이 어떤 생각을 하느냐에 따라 연습 결과는 전혀 달라질 수 있다.

6가지 도약 원천 중에 가장 중요한 것은 경계 없는 유연한 사고이다. 즉 강력하고 남다르고 큰 생각이 없었다면, 베스트 플레이어가 될 수 없기 때문이다. 최고의 선수와 평범한 선수의 차이는 파워 씽킹이다.

Small Tips for
POWER THINKING

1. 천재는 태어나는 것도, 만들어지는 것도 아니다. 오랫동안 깊이 생각하는 능력이 뛰어난 사람이 결국 나중에 천재로 밝혀진다.

2. 육체적 능력은 생각의 크기로 정해진다. 뛰어난 운동선수는 생각을 유연하고 크게 하는 사람이다.

부는 생각에서
창조된다

"황금은 땅속에서보다 인간의 생각 속에서
더 많이 채굴되었다."
_나폴레온 힐

              고대 그리스와 로마의 영웅을
소개하는 고전 《플루타르코스 영웅전》에는 이런 말이 있다.

"가난은 결코 불명예나 치욕으로 여길 것이 아니다. 문제는
그 가난의 원인이다. 나태, 멋대로의 고집, 어리석음. 이 세 가지
중 하나가 가난의 결과라면 그 가난은 진실로 수치로 여겨야 할
것이다."

세 가지 가난의 원인 중에 두 가지인 나태, 멋대로의 고집은
수많은 사람에게 해당 사항이 없을 것이다. 한국인만큼 부지런

하고 노동시간이 긴 성실한 근로자는 드물다. OECD 국가들의 평균 근로시간을 조사해보면 매년 1위는 한국이다. 그것도 2위와 엄청난 격차로 말이다. 그런데도 대부분 직장인은 부자가 아니다. 두 번째인 멋대로의 고집도 우리에게는 해당하지 않는다. 한국인들만큼 순응적이고, 규격화와 획일화에 자신을 잘 끼워 맞추는 온순한 민족도 없기 때문이다. 특히 열심히 일하는 직장인 중에는 아무리 성격이 고집불통인 사람이라도 직장에서만은 절대로 그것을 노출하지 않는다. 생존이 걸린 문제이기 때문이다.

문제는 세 번째 원인이다. 어리석음이란 결국 무조건 시키는 대로 열심히 일하고, 아무 생각도 없이 살아가는 것과 같다. 즉 어리석음은 생각이 부족한 것 혹은 생각하지 않고, 그대로 시키는 일만 하면서 살아가는 것이다.

가난은 생각하지 않는 습관에서 온다

《플루타르코스 영웅전》에서 언급한 가난의 이유 중에서 특

히 우리에게 적용될 만한 것은 어리석음이다. 그리고 어리석음
은 지식이나 학식의 부족이 아니라 생각하지 않음에서 비롯된
다. 즉 생각하지 않는 것이 우리가 가난해지는 원인이 된다.

조셉 머피 박사는 수많은 저서에서 이러한 사실을 너무나 명
쾌하게 주장해놓았다.

"진정으로 부富를 얻은 사람들은 사고思考가 가진 창조력에 대
해 알고 있는 사람들이며, 또한 풍부함과 번영에 관한 생각을 끊
임없이 잠재의식에 새기는 이들이다."

부자가 된 사람들은 생각을 통해서 부를 창조해냈다. 그들도
처음에는 빈곤과 결핍 상태에서 살았지만 그들은 그런 현실에
머무르지 않았다. 그들은 풍요와 번영을 갈구했고, 부자가 되는
방법을 잠재의식에 새겨질 만큼 생각하고 되새겼다. 조셉 머피
는 현실의 상황이 어떻든 집요하리만치 풍요를 생각하면 마침
내 그것을 손에 넣을 수 있다고 주장한다.

생각하지 않으면 가난이 오고, 지치지 않고 생각하면 부가
온다. 생각만으로 가난에서 벗어나고 생각만으로 부를 얻는다
는 주장은 얼마나 동기를 부여하는가. 이런 주장은 성경에서도
찾아볼 수 있다.

"무릇 있는 자는 받겠고 없는 자는 그 있는 것도 빼앗기리
라."(〈누가복음〉 제19장 26절)

〈누가복음〉 속 구절은 더욱 놀랍다. 생각만으로 풍요를 누릴 수 있는데, 부유한 이는 점점 더 부유해지고 가난한 이는 더욱 가난해진다니, 생각을 통한 현실화의 현상은 이토록 놀랍다.

부를 생각할수록 점점 더 부유해진다. 가난을 생각할수록 점점 더 가난해진다.

머피가 주장하는 것 중에 가장 중요한 것은 창조적인 사고 훈련이다. 이러한 생각 훈련이 생각을 단련하여 파워 씽킹을 할 수 있는 사람으로 만들기 때문이다. 환경이 아닌, 당신의 생각이 당신의 부를 결정하는 것이다.

기억하라. 생각하는 사람은 생각하지 않는 사람들보다 훨씬 더 부자가 될 확률이 높다. 생각이 부를 창출해내기 때문이다. 생각은 우리의 인생을 결정한다.

나폴레옹은 "상상력이 세계를 지배한다"라고 말한 적이 있다. 상상력은 결국 생각을 풍부하게 한다. 부와 명예와 권력도 생각에서 비롯된다.

우리를 부유하게 해주는 것, 즉 우리를 부자가 되게 해주는 것은 바로 생각이라고 강력하게 주장하는 책이 있다. 42개국 2억 명이 넘는 사람들이 시청하는 최면술 쇼 프로그램을 진행하는 심리치료사인 폴 매케나**Paul Mckenna**가 쓴 《온! 리치》란 책이다.

이 책은 나를 깨웠다. 즉 '은행 잔액이 넉넉하지 않으면 부자가 아니다'라는 고정관념을 바꾸어놓으면서도, 참된 부자로 살아갈 수 있게 그 길을 제시해주었다. 부유함은 한계가 아니라 가능성과 생각에 초점을 맞추어 자신만의 방식으로 인생을 살아가는 것이다. 당신이 현재 부자가 아니라면, 그것은 당신의 잘못이 아니다. 부모의 잘못도 아니고, 사회나 정부, 운명을 탓할 일도 아니다. 그것은 현재 당신의 '부자 프로그래밍'이 잘못되어 있기 때문이다. 사람의 정신은 컴퓨터와 비슷해서 소프트웨어(생각)가 잘 돌아가는 만큼만 효과를 발휘해내기 때문이다.

'철강왕'으로 불리는 세계 최고의 부자 앤드루 카네기는 부자가 된 진짜 비결을 알아냈다고 확신했다. 그리고 나폴레온 힐이라는 젊은 기자에게 생존한 최고 부자 400명을 면담해 부자가 되는 비결을 파악하라고 부탁했다.

나폴레온 힐은 그 후 수십 년간 부자들을 만나 부자가 되는 비결을 물어보고 종합해서 발견하게 되었다. 카네기를 비롯해 큰 부자가 된 사람들이 부자가 된 비결은 하나였다.

'모든 부유함은 정신(생각)에서 창조된다.'

그렇다. 모든 부는 생각에서 시작된다. 생각이 부의 원천이다. 지금은 자동차나 버스를 움직이는 아주 중요한 석유가 한때는 아무짝에도 쓸모없는 쓰레기였다. 생각이 부를 만드는 것이다.

쓰레기에 불과하여 처치 곤란하여 사람들에게 성가신 존재였던 검은 물질은 누군가의 생각을 통해서 세상에서 가장 귀중한 상품, 부로 변하게 되었다.

파워 씽커들은 항상 생각의 스위치를 켜놓기 때문의 가능성을 모색하고, 그들만의 사고방식으로 인생을 남과 다르게 살아간다. 비록 그들이 일시적으로 현찰이 부족하더라도 그런 상황은 오래가지 않는다. 그들은 어떻게든 부유하게 되는 길을 발견하고 찾아내고 창조하기 때문이다.

파워 씽킹을 하는 사람들은 얼마든지 경쟁이나 착취가 아닌, 좋은 생각을 통해 돈을 벌 수 있다. 그래서 타인에 대해서도 인색하지 않고, 항상 관대하고 베푸는 인생을 살아가게 된다. 이런 사람들이 참된 부자이다.

돈을 벌고 부자가 되는 것은 일종의 기술이라고 할 수 있다. 그 기술의 핵심은 생각이다. 일단 생각을 통해 돈을 버는 방법을 익힌 사람은 그다음부터는 돈을 모두 잃더라도 걱정하지 않는나. 짧은 시간 안에 돈을 다시 벌 수 있기 때문이다. 억만장자 기업가인 리처드 브랜슨과 같은 이들은 지금 당장 돈을 모두 잃더라도 짧은 시간 안에 그 돈을 모두 되찾을 수 있다. 그 이유는 그들은 파워 씽커이기 때문이다. 언제든 파워 씽킹을 통해, 부를 창조할 수 있기 때문이다.

당신의 수입은
당신이 한 생각과 창출한 가치에 비례한다

똑같은 일을 하면서도 어제보다 두 배의 수입을 올릴 수 있다는 것이 자본주의 원리이다. 무엇이 수입을 결정짓는 것일까? 그것은 우리가 하는 생각과 이 세상에 제공하는 가치이다.

첫 번째 기준은 생각이다. 우리가 하는 생각이 극도로 부유할수록, 풍요로움과 부에 초점을 맞출수록 우리는 부자가 된다. 이미 돈을 가진 부자들은 크게 노력하지 않아도 더 부자가 될 경향이 매우 높다. 그들의 생각은 이미 가진 것에 더 많이 집중된다. 이러한 집중된 생각은 놀랍게도 우리의 무의식이 활발하게 활동하게 한다. 잠을 자고, 휴식을 취하는 시간까지도 포함하여 24시간 내내 돈을 버는 일을 쉬지 않고 하는 것과 같다. 그래서 가난한 사람들이 부자가 되는 것이 그토록 힘이 들고, 오랜 시간이 걸리는 것이다. 큰 부자들이나 사업에서 크게 성공한 인물들을 살펴보면 극도로 풍요롭고 부유하고 성공적인 생각을 이미 어렸을 때부터 했다는 사실을 간과해서는 안 된다.

세계적인 부자인 빌 게이츠는 극도로 풍요롭고 부유하고 성공적인 생각을 했다. 그의 표현을 빌리자면 그는 "심오한 생각에 잠긴 우울한 젊은이처럼 방에 틀어박혀 평생 무엇을 하며 살 것인지 열심히 생각했고", "전 세계 모든 가정, 모든 책상 위에 컴퓨터를 한 대씩 놓겠다"라는 대담한 비전을 세웠다.

가장 창조적인 CEO로 평가받았던 쉴 새 없는 창조적 발상의 아이콘이었던 스티브 잡스도 극도로 풍요로운 생각을 했다. 이들의 이러한 극도로 부유하고 풍성한 생각이 성공으로 이들을 이끌어갔다.

두 번째 기준은 가치 창출이다. 우리가 더 많은 가치를 창출할수록 더 많은 돈을 벌 수 있게 된다. 돈은 다른 사람들에게 얼마만큼 더 크고 독특하고 강력한 가치를 주느냐에 비례해서 당신에게 부여된다.

남과 다른 독특한 가치를 창출하고, 강력한 영향력을 끼칠 수 있느냐를 결정하는 것은 결국 파워 씽킹이다. 당신의 생각이 크고 강력하고 남과 다를수록 더 큰 가치를 창출할 수 있다.

매년 5월 초만 되면 워런 버핏 회장이 사는 미국의 네브래스카주 오마하 마을은 '축제의 도시'로 바뀐다. 버핏 회장이 운영하는 버크셔 해서웨이 회사의 주주 총회 때문이다. 보통 주주 총회라고 하면 딱딱한 의자에 어려운 회계 용어와 때로는 고성과 폭언이 오가는 그런 험악한 분위기를 가장 먼저 떠올릴 수도 있다. 하지만 버크셔 해서웨이 주주 총회는 이런 분위기의 주주 총회와 다르다.

마치 축제를 벌이는 것 같은 분위기로 경제교육의 장場으로 승화된 주주 총회는 오마하에서 열리는 행사 중에서 가장 큰 행사이다. 경제교육의 장이 되어버린 축제와 같은 주주 총회 장소에 참석하기 위해 전날부터 줄을 서서 밤샘을 하며 기다리는 사람들도 적지 않고, 남녀노소가 다양하게 참석하는 기이한 모습도 볼 수 있다.

교육의 장으로 승화된 주주 총회답게 질의응답을 통해 세계경제 전반에 대한 질문과 답변이 오간다. 그런 와중에 10살 난 어린 소녀의 당돌한 질문이 갑자기 그곳을 웃음바다로 만드는 사건이 벌어졌다.

"버핏 할아버지, 어떻게 하면 할아버지처럼 큰 부자가 될 수 있나요? 좀 가르쳐주세요."

장내에 웃음이 터져나왔다. 하지만 버핏은 소녀의 질문에 진지하게 대답했다.

"다른 사람들이 가지고 있는 돈을 어떻게 하면 나에게로 오게 할 수 있을까 궁리(생각)를 해야 합니다."

버핏의 대답은 우리의 고정관념을 완전하게 무너뜨린다. 우리는 보통 열심히 공부해서 좋은 회사에 취직하거나 좋은 직업을 가지거나, 열심히 일하면 부자가 되리라 생각한다. 즉 좋은 회사, 좋은 직업, 좋은 대학, 좋은 연봉, 좋은 직위가 부자가 되게 해줄 것이라고 믿는다. 하지만 세계 최고의 투자가, 최고 부자의 입에서 나온 말이 '다른 사람들이 가지고 있는 돈을 어떻게 하면 나에게로 오게 할 수 있을까 궁리를 해야 한다'는 말이기 때문이다.

궁리란 '마음속으로 이리저리 따져 깊이 생각한다는 것'이며 '생각'을 의미한다. 결국, 세계 최고의 부자가 돈을 벌기 위해서는 생각을 해야 한다고 말하고 있다.

부자가 되기 위해 가장 먼저 해야 하고, 가장 오래 해야 하고, 가장 잘해야 하는 것은 바로 생각이다. 남들보다 더 나은 생각, 남들과 다른 생각, 더 강력한 생각, 더 큰 생각이 바로 파워 씽킹이다.

생각하는 힘은
모든 자본의 원천이다.

부자가 되는 최고의 길은 부를 생각하는 것이다. 강력하고 남다르게 큰 생각을 하는 것이 부를 생각하는 것이다. 성공하는 최고의 길도 역시 성공을 생각하는 것이다.

불운만을 탓하던 빈털터리 소년이 있었다. 청소년보호소에서 10대 시절을 보냈다. 마약 중독으로 인생은 황폐해져갔다. 하지만 이 소년은 자수성가하여 백만장자로 우뚝 섰다. 이 소년의 이름은 랜디 게이지Randy Gage이다. 그는《내 인생을 바꾼 생각의 힘》이라는 책을 써서 우리의 생각이 현재의 처지와 앞으로의 부와 인생을 만든다고 역설한다.

성공과 부는 행운이나 우연 따위와는 거의 아무런 상관이 없음을 그는 깨달았다. 심지어 어떤 것을 얼마나 많이 배우고, 어떤 능력을 갖췄는지 등과 아무런 상관이 없다. 인생을 부유하게 하고 성공을 이끄는 열쇠는 오로지 본인의 의식과 신념, 자기 생각에 달려 있다.

성공과 부에 있어서 우리가 배울 수 있는 가장 중요한 사실은 '생각과 인생은 정확히 일치하게 된다'는 것이다. 생각이 부와 성공으로 가득 차 있다면, 인생 또한 그렇게 될 것이다.

Small Tips for
POWER THINKING

1. 가난은 생각하지 않아서 온다. 즉 부는 생각을 통해 얻을 수 있다.

2. 부와 생각의 관계에는 가속도가 작용한다. 부를 생각할수록 점점 더 부유해지고, 가난을 생각할수록 점점 더 가난해진다.

3. 부와 성공은 돈, 명예, 권력 그 무엇이든 얻고 잃는 것과는 관계가 없다. 생각의 힘을 활용하여 인생의 가능성을 최대한 끌어올려 자신의 의지대로 살아가는 것이 진정한 부라고 할 수 있다.

절대 빼앗기지 않아야 할
생각할 자유

> "지금 실제로 일어나고 있는 일은
> 이전에 상상했던 것에 불과하다."
> ─윌리엄 블레이크

'모든 사람이 동시에 백만장자
가 되는 세상이 과연 가능할까?'

이런 생각을 한 사람이 있다. 바로 20세기의 위대한 실용철
학자인 리처드 버크민스터 풀러Richard Buckminster Fuller다.

버크민스터 풀러는 20세기 최고의 천재 건축공학자로 불린
다. 그는 '풀러의 돔Fuller's Dome'이라는 것을 고안했다. 정삼각형
을 기본 단위로 하여 6개가 정육각형으로 모인 육각형 단위와
정삼각형 5개가 정오각형으로 모인 오각형 단위로 둥근 모양의

집을 지은 것이다. 디즈니랜드에 가면 골프공처럼 보이는 건물이 있는데 이것이 풀러의 돔 디자인을 본뜬 것이다.

그는 명문가 집안에서 태어나 하버드대학교에 입학했지만, 곧 자퇴했다. 그 후 결혼도 하고 아이도 낳고 회사에 다니며 평범하게 살지만, 그 회사는 파산하고, 그는 실직자 신세가 되어 빈털터리가 되고 만다. 결국, 겨울밤 미시간 호수에 가서 자살하고자 결심한다. 하지만 자살하지 않고 다시 살고자 결심한 그는 시카고의 빈민가에서 주위와 단절하고 5년 동안 독학으로 수학, 물리학, 화학, 공학 등을 닥치는 대로 공부했다. 공부에 미친 결과 몸의 건강 상태는 최악이었다. 시력은 더욱더 나빠졌고, 몸은 야위어갔다. 이웃 사람들은 그를 가리켜 미친 사람이라고 손가락질했다.

그로부터 10년 뒤 그가 고안한 발명품들이 하나씩 세상에 알려졌다. 자기부상열차나 헬리콥터 장치 등이 연달아 인정을 받게 되면서 전문가들은 그의 다방면에 걸친 천재성에 크게 감탄했다.

그는 평생 2,000가지가 넘는 발명을 했고 수많은 건축물을 설계했다. 또한 1929년 대공황 이전의 번영이 다시 돌아오리라 예측했다. 당시 히틀러의 맹습으로 붕괴되고 있던 유럽과 라틴아메리카와 같은 경제 후진 지역에 경제가 폭발적으로 성장하리라 예측한 선문가는 풀러밴씨었다. 푼러의 예측은 정확하게 맞아떨어졌다.

그는 세상의 모든 사람이 백만장자처럼 살기에 충분한 자원이 있다고 역설했다. 문제는 희소한 자원이 아니라 우리의 생각과 제한적인 믿음이라고 했다.

"그렇다. 문제는 제한적인 우리의 약한 생각이다."

그는 "모든 아이는 천재로 태어나며, 인간의 지적 능력에는 한계가 없다"고 말했다. 그가 남긴 유명한 말 중에 우리가 꼭 기억해야 할 말은 이렇다.

"애벌레 속에는 훗날 자라서 나비가 되리라는 것을 시사해주는 그 무엇도 들어 있지 않다."

성공을 꿈꾸는 애벌레는 결국 나비가 된다

오늘날 자신의 모습을 볼 때 우리는 그저 평범한 사람에 불과할 수 있다. 하지만 그 속에 엄청난 거인이 있을 수 있다. 엘비스 프레슬리가 그랬고, 톨스토이가 그랬다. 누구라도 엘비스가 평범한 트럭 운전사로 일을 할 때의 그를 봤다면 그가 전설적인 세계적인 가수가 되리라고는 도저히 예측할 수 없었을 것이다. 톨스토이의 초창기 모습을 본 사람들은 그를 '배우려는 의욕도 없고, 또 배울 능력도 없는 사람'이라고 평가했다. 하지만 그는 《전쟁과 평화》라는 대작을 쓴 대문호가 되었다.

《노인과 바다》를 쓴 헤밍웨이 역시 그랬던 사람이다. 그는 무명작가 시절에 "이런 글 실력으로는 절대로 작가가 될 수 없다"라는 말까지 들었다. 하지만 그는 결국 노벨 문학상과 퓰리처상을 받는 대작가가 되었다.

《카라마조프 가의 형제들》과 《죄와 벌》을 쓴 유명한 러시아의 대문호 도스토옙스키도 역시 그랬다. 한때는 애벌레였다. 20년 넘게 글을 써온 그에게 평론가들은 이런 모욕적인 말을 했다. '너저분하게 쌓인 잡동사니 같은 글만 쓴다'라고 말이다. 20년 동안 한 분야에서 무엇인가를 했다면, 상당한 수준으로 도약을 해야 정상적이다. 그런데 20년 동안 도스토예프스키는 글을 썼지만 평범한 수준조차도 되지 못했다는 것이다.

세계적인 대문호, 거장들에게도 전혀 나비가 될 것 같지 않아 보이던 애벌레 시절이 다 있었다. 이들을 위대하게 만든 것은 반드시 성공할 수 있을 것이라는 믿음과 강력하고 큰 생각이었다.

이들이 말도 안 되는 모욕과 평가를 받으면서도, 말도 안 되는 현실과 상황 속에서도, 말도 안 되는 꿈을 향해 포기하지 않을 수 있었던 것은 자기 자신에 대한 믿음과 강력하고 큰 남다른 생각이 있었기 때문이다.

인간에게 마지막 남은 자유는 생각이다

최악의 상황에 부닥치게 될 때 우리가 할 수 있는 마지막 자유는 생각이다. 최악의 상황에서 우리가 할 수 있는 유일한 것도 생각이다. 특히 감옥에 갇혔을 때는 더더욱 그렇다. 오로지 생각만이 전부가 될 때도 있다.

여기 두 사람의 인물이 있다. 이 두 사람 모두 감옥에서 처절한 삶을 살았다. 하지만 그들은 모두 생각을 통해 위대한 인생을 일구어낸 인물들이라는 점에서 공통점이 있다.

첫 번째 인물은 홀로코스트에서 살아남아 수많은 사람에게 용기와 희망을 준 빅터 프랭클 박사이다. 그는 《죽음의 수용소에서》를 통해 인간이 누릴 수 있는 자유 중에서도 마지막 자유는 어떤 환경에서도 자신의 길을 선택할 수 있는 자유라고 말했다.

그는 수용소에서 목격한 장면을 담담히 전한다. 수용소에 있던 어떤 사람들은 다른 이들을 격려하며 자신이 받은 마지막 음식을 나눠주었다. 그런 사람들이 많지는 않았지만 그는 그들 덕분에 인간이 마지막까지 뺏기지 말아야 할 것이 있다는 것을 깨달았다고 증언한다. 그것은 인간이 누릴 수 있는 자유 중에서도 마지막 자유, 즉 어떤 환경에서도 자신의 길을 선택할 자유였다.

딜레마에 빠져 더는 선택의 여지가 없다고 느낄 때조차 대안은 반드시 존재한다.

생각도 하지 않고 그저 선택의 여지가 없다고 그 상황에 순응해버리고, 자포자기해버리는 사람은 쉽게 좌절하고 실패하고 만다. 하지만 선택의 여지가 없다고 느끼도록 모든 상황이 최악으로 치닫고 있을 때조차도 대안은 반드시 존재한다고 강력하고 큰 남다른 생각을 멈추지 않는 사람들은 자신의 생각대로 대안을 찾게 되거나 만들게 된다.

빅터 프랭클이 죽음의 수용소에서 살아남은 것은 그저 운이 좋았기 때문이 아니다. 그는 책으로 내려고 했던 소중한 원고들을 독일군에게 빼앗기고 언제 죽음의 가스실로 끌려가게 될지 모르는 극도의 공포를 겪으면서도 끝까지 살아남았다. 그곳에 끌려온 유대인은 견디기 힘든 중노동을 하면서 제대로 먹지 못하는 것은 물론이거니와 씻을 물은 아예 공급조차 되지 않는다. 마실 물도 하루에 한 컵씩 밖에는 배급되지 않는다. 이런 상황에서 사람들은 그저 살아가는 대로, 형편대로, 환경대로 생각하게 된다. 그래서 그들은 매우 절망적이며, 삶의 희망을 포기한 생각들을 한다. 하지만 프랭클은 달랐다. 그러한 환경 속에서도 그는 희망적인 강력하고 큰 생각을 했고, 살아남을 수 있다는 생각을 선택했다. 그 결과 그는 자기 생각대로 살아남았다.

프랭클은 하루에 한 컵씩 배급되는 물을 반만 마시고, 반은 세수하는 데 사용했다. 유리 조각을 사용해서 면도까지 하며 언젠가는 수용소에서 나갈 수 있다는 희망을 품고 살았다. 결국 그는 수용소에서 살아남았고 로고테라피logotherapy(의미치료)라는 심리 치료를 창안하여, 수많은 사람에게 도움을 주는 훌륭한 의

사가 되었다.

두 번째 인물은 과거에 한때 서구 기독교 사회에서 성경 다음으로 많이 읽혔던 책, 《철학의 위안》의 저자, 보에티우스이다. 이 책은 자기계발서 분야뿐만 아니라 세계적인 거장들에게 많은 영감을 주고 오랫동안 많은 대중을 계몽시킨 위대한 책이 되었다. 이 책을 통해 영감을 받은 거장들은 단테와 아퀴나스 등 수없이 많다. 이 책은 지금까지 나온 책 중에서 행복의 본질에 대한 가장 심오한 책이라고 평가하고 싶다.

보에티우스는 6세기 로마의 귀족 가문에서 태어나, 문학, 철학, 산술학, 기하학, 음악, 천문학 등 다방면에 걸쳐 평생 공부를 한 인물이며, 당시 상당한 특권층에 속했다. 그는 정치가이면서 철학자이면서 신학자였다. 로마의 최고 교육을 받은 그는 20대 후반의 젊은 나이에 집정관에 임명되었다. 로마 원로원과 사회의 중심인물이었을 뿐만 아니라 존경받는 학자였다. 로마제국이 기독교국 시대로 접어들었지만, 보에티우스는 그대로 자신의 사회적 지위를 그대로 유지할 수 있었고, 최고 행정사법관이 되기도 하였다. 그의 삶은 너무나 완벽하고 화려하기까지 하다. 하지만 왕실의 음모로 반역죄를 뒤집어쓰게 된 그는 하루아침에 사형 선고를 받은 사형수가 되고 만다. 아름다운 아내, 자랑스러운 자녀들, 멋진 가문, 눈부신 미래, 부와 성공, 권력, 명예가 하루아침에 사라졌다.

좋은 집안과 좋은 교육, 그리고 좋은 권력, 좋은 평판까지 받은 그는 그야말로 모든 것을 누리던 사람이었으나, 하루아침에 타인의 음모로 완전히 몰락했다. 두려움과 절망과 분노로 가득 찬 독방의 사형수가 되어버린 것이다.

분노와 절망으로 가득 찬 채, 생을 마감해야 할 사형수 보에티우스는 위안과 영감과 행복의 본질을 일깨워주는 위대한 책을 썼다. 절망의 상황에서 다시 일어서게 해준 것은 다름 아닌 생각이었다. 생각과 깨달음은 그의 내면에 고요한 평화를 일깨워주었고, 더 나아가 그가 위대한 책을 쓸 수 있게 해주었다.

거대한 우주는 하나님의 선한 세계이며, 저 아래 지구 한 모퉁이에 자기를 유배시킨 왕과 간신들이 있다고 생각을 바꾼 그는 거대하고 선한 하나님의 세계에서 쫓겨난 왕과 간신들이야말로 유배자임을 깨닫고 고요한 평화에 이른다.

결국, 최악의 상황에서 그를 다시 일어서게 해준 것은 내적인 깨달음이었다. 그러한 깨달음은 결국 스스로 주체가 되어서 하는 생각을 통해서만 가능한 것이다.

억울한 누명으로 사형수가 되어 생을 마감해야 했던 사람이 생각을 바꿈으로써 인류에게 위대한 사상이 담긴 책을 집필하는 위대한 사상가가 될 수 있었다. 이런 점에서 생각만큼 위대하고 중요한 것은 없다고 말할 수 있을 것이다.

긍정적이고 희망적인 강력하고 큰 생각만큼 중요한 것이 없는 것처럼, 두려움과 좌절, 걱정에 대한 부정적인 생각만큼 우리를 흔들어놓는 것도 없다. 우리가 행복하게 살고, 성공적인 삶을 살기 위해서는 무엇보다 두려워하는 마음이나 걱정하는 생각을 절대 해서는 안 된다. 상황이 나쁠수록 더욱더 필요한 것은 두려워하는 마음이나 좌절과 걱정이 아니라 희망적이고 긍정적인 강력하고 큰 위대한 생각이다.

어떤 생각을 하느냐에 따라 우리는 강한 사람도 될 수 있고, 나약한 사람이 될 수도 있다.

특히 좌절과 같은 생각이 우리 마음에 자리 잡게 될 때 우리는 그 어떤 것도 시도조차 하지 못하게 된다. 긍정적이고 플러스적인 생각이 우리에게 무한한 힘과 에너지를 샘솟게 할 수 있는 것처럼, 부정적이고 마이너스적인 생각이 우리에게서 무한한 힘과 에너지를 모두 빼앗아 가버릴 수도 있기 때문이다.

Small Tips for
POWER THINKING

1. 좌절과 절망 속에서도 자신에 대한 믿음, 자신의 길을 스스로 선택할 자유가 있다는 생각은 우리를 지탱하는 꿈과 희망이 된다.

2. 삶의 질을 결정하는 위대한 생각은 내면의 깨달음이다. 어떤 생각을 하느냐에 따라 우리는 높은 경지에 이를 수도 있고 나락으로 떨어질 수도 있다.

최고의 삶을 위해 가장 먼저 바꾸어야 할 것

"충만한 생활을 누리려면, 야심과 목표를 실현하려면
최대한으로 생각할 필요가 있다."
—마이클 르고

정신분석과 의사이자 인기 작가인 제임스 보그James Borg는 '삶은 생각하는 대로 된다'라는 철학을 가지고 있는 사람이다. 그는《마음의 힘》이란 책에서 생각의 중요성을 말했다.

그의 말에 따르면, 생각은 현실을 만들고 생각의 수준이 삶의 수준을 결정하므로 생각이 가장 중요하다. 우리는 생각에 따라 모든 행위를 한다. 일상은 생각과 밀접하게 관련이 있다. 즉 생각은 모든 행위의 중심이며 우리의 과거, 현재, 미래는 생각에 의해 만들어진다.

최고의 삶을 살지 못하도록 막는 것은 잘못된 생각이다. 생각을 통제하지 못한다면 생각에 통제를 당하면서 살게 된다. 인생을 낭비하는 사람들, 헛되게 살아가는 사람들은 돈을 쓸데없이 낭비하는 것을 아까워하지만, 아까운 생각들과 무수히 많은 기회를 낭비하고 있다는 생각은 미처 하지 못한다. 더 아까운 것은 나약하고 부정적인 생각으로 말미암아 사라지게 될 무수한 기회들이다.

인생에서 가장 큰 낭비는 생각하지 않고 사는 것이다.

조심해야 할 것은 생각을 통제하지 못하고, 나약하고 부정적이고 작고 수동적인 생각에 통제를 당하면서 살아가는 삶이다.

최고의 삶을 살기 위해서는 자기 생각을 통제할 수 있어야 한다. 파워 씽커들은 모두 자신의 생각을 잘 통제할 수 있었던 사람이다. 생각을 통제하는 사람들은 절대로 사는 대로 생각하지 않는다. 그들은 환경과 세상이 무엇이라고 소리쳐도 눈썹 하나 깜박거리지 않는다. 그들은 스스로 주체가 되어 생각하고, 자기 생각을 통제하며, 나아가서 삶을 통제하며 창조하며 살아간다. 이들이야말로 최고의 삶을 살 만한 가치와 자격이 있는 사람들인 셈이다.

최고의 삶을 살기 위해 바꿔야 할 것은 우리의 삶이 아니라 먼저 우리의 생각이다. 통제를 당하던 생각에서 벗어나 통제하는 것으로 전환해야 한다. 그것이 파워 씽킹의 시작이다. 당신이 어떤 삶을 살고, 어떤 사람이 되는가는 당신에게 달려 있다.

생각에 관한
생각을 하라

사상 최초로 심리학자가 노벨경제학상을 받았다. 고전 경제학의 프레임을 완전히 뒤집어놓은 행동경제학을 창시하여, 심리학과 경제학의 경계를 허물고 인간을 사회활동의 주체로 새롭게 정의한 독보적 지성인이다. 그는 바로 《생각에 관한 생각》의 저자이기도 한 대니얼 카너먼Daniel Kahneman이다.

카너먼은 경제학을 공부한 적이 없는 심리학자이다. 하지만 그는 '불확실한 상황에서 행동하는 인간의 판단과 선택'을 설명한 '전망 이론Prospective theory'으로 2002년 노벨경제학상을 받았다. 그가 노벨경제학상을 받은 결정적인 이유는 심리학과 경제학을 완벽하게 융합했기 때문이다.

그는 사람이 쉽게 오류나 착각에 빠지는 추론법인 휴리스틱heuristic에 의존해 상황이나 문제를 해석하고 해결하려고 한다고 피력했다. 이러한 추론법은 직관이나 경험이나 상식에 바탕을 둔 즉흥적인 판단이기에 언제나 결함이 따른다.

엄청난 지식과 경험을 쌓은 전문가들이나 대가들은 놀라운 직관 때문에 놀라운 판단을 하는 경우도 종종 있다. 하지만 휴리스틱은 상당히 유용하지만 가끔은 심각하면서도 시스템적인 오류로 이어진다는 것이다.

심리학이 경제학의 원리와 연결되는 지점을 여기에서 발견할 수 있다. 즉 인간은 자신이 보는 것의 지속성과 정합성을 과장하는 경향이 있다. 서둘러 결론을 내리기를 좋아하고, 어려운 질문을 받으면 마음대로 쉬운 질문으로 바꾸어 이해하려 한다. 계속해서 의심하는 일을 어려워하고 일시적인 믿음을 확고한 법칙으로 여겨버린다. 즉 사람들은 이익보다 손실에 더 민감해진다. 이익을 보는 쪽에서는 위험이 적은 방향을 추구하고 손실을 보는 쪽에서는 위험을 더 많이 감수하는 성향을 보이게 된다. 이 의사결정 과정에 편향이 작용한다.

결과적으로 인간은 휴리스틱에 익숙해져 있고, 그 결과 편향된 판단을 내리고, 착각하고, 맹신한다. 카너먼에 의하면 인간의 사고 작동 메커니즘은 자동적인 '시스템 1'과 노력하는 '시스템 2'의 상호작용이라고 말할 수 있다. 시스템 1은 거의 혹은 전혀 힘들이지 않고 자발적으로 자동적으로 빠르게 생각하고 작동하는 시스템이다. 이 시스템은 '2+2'의 정답을 말하거나, 빈 도로에서 자동차를 운전하거나, 대형 게시판에 적힌 글자를 읽을 때와 같이 빠르게 머리를 사용하는 것과 관련되어 있다.

반면에 시스템 2는 복잡한 계산을 하거나, 복잡한 논리적 주장의 타당성을 확인하거나, 사회 환경 속에서 행동이 적절한지를 주시하는 것과 같이 의도적인 노력이 필요하며, 생각도 빨리 직관적으로 할 수 없고 천천히 곱씹으면서 생각하고 작동하는 시스템이다.

카너먼에 의하면 시스템 1은 우리에게 편안함을 제공하고, 직관적인 판단과 선택을 할 수 있게 해주어 일상생활을 편하게 할 수 있게 해주는 장점이 있는 반면에, 예상 가능한 편향과 인지적 착각을 일으키는 특징을 가지고 있다고 한다. 결국, 카너먼은 시스템 1에서 기원하는 오류를 막기 위해 우리가 인지적 지뢰밭에 있다는 신호를 인식하고, 속도를 줄이고, 시스템 2에 더 많은 도움을 요구하라는 결론을 내린다.

우리가 좀 더 현명한 삶을 살기 위해서는 무엇보다 '우리가 하는 생각'을 따져보아야 한다. 시스템 1과 같은 빠르고 자동적인 생각에 치중된 삶을 살고 있는지, 아니면 시스템 2와 같이 천천히 심사숙고하는 생각을 하면서 살고 있는지를 말이다.

결국, 우리의 인생을 바꾸는 생각은 시스템 2와 같은 '천천히 생각하기'다. 천천히 생각하기를 통해 파워 씽킹을 할 수 있고, 파워 씽커가 될 수 있다.

우리가 생각하며 살지 않으면, 누군가가 설계해놓은 대로 우리도 모르게 그대로 따라 하다가 인생을 마감할 수 있게 된다. 그것이 바로 '넛지Nudge 효과'에 매몰되는 사람들이 그토록 많은 이유이다. 좀처럼 생각을 하지 않으려고 한다. 생각하지 않고 사는 것이 생각하며 사는 것보다 더 익숙하기 때문이다. 하지만 한 번뿐인 인생을 최고의 삶으로 살아가고자 한다면, 약간은 불편하고 낯설지만 의도적으로 천천히 생각하며 사는 사람이 되고자 노력해야 한다.

누군가가 당신을 화나게 하고, 이 물건을 사게 하고, 저 길을 선택하게 하고, 이런 행동을 하게 한다고 해서 당신이 쉽게 호락호락 그렇게 하는 사람이 되면, 수동적이고 가난하고 불행한 삶을 살게 될 것이다. 세상과 타인, 환경과 현실과 다른 과감하고 남다르고 강력하고 큰 생각을 당신이 할 수 있다면, 세상과 타인이 유도하는 행동과 선택을 하지 않을 수 있게 된다. 그럴 때 비로소 당신은 자신의 인생길을 주도적으로 선택하며, 주인으로 살아갈 수 있게 되는 것이다.

Small Tips for
POWER THINKING

1. 파워 씽킹의 완성은 자신의 생각을 완벽하게 통제하는 것이다. 파워 씽커는 생각을 긍정적이고 이로운 방향으로 이끌어가며 결국 삶을 성공으로 올려놓는다.

2. 파워 씽킹의 목적은 인생을 주도적으로 살기 위한 생각 도구를 확보하는 것이다. 생각 혁명을 통해 부와 성공을 손에 넣을 수 있다고 믿어야 한다.

**THINK
THINK**

당신은 어떤 인생을
살고 싶은가?

우리는 우리의 생각이 만들어낸 결과물이다. 이 세상도 결국 인간의 생각이 창조한 결과물이다. 우리는 생각을 하지만, 그 생각이 되돌아와서 우리와 우리의 미래와 삶을 형성한다. 이렇게 우리는 생각을 통해 미래를 만들어 간다.

중국의 사상가 장자는 이렇게 말했다.

"큰 새는 바람을 거슬러 날고, 살아 있는 물고기는 물살을 거슬러 헤엄친다."

큰 새와 살아 있는 물고기가 되는 방법은 우리 내면에 위대하고 놀라운 힘이 있다는 사실을 직시하고, 남과 다른 강력하고 큰 생각을 하는 것이다. 그것은 우리의 인생을 성공의 길로 인도한다. 남과 다른 강력하고 큰 생각인 파워 씽킹을 하지 않는 사람들은 세상과 운명의 물결에 자신을 떠맡기는 것과 다를 바 없다.

파워 씽킹은 긍정적이고 창조적인 인생을 살아가게 해줄 뿐만 아니라 새로운 인생을 창조할 수 있게 해준다. 파워 씽킹은 우리를 회복시키고 정신을 강하게 하고 몸에 힘을 부여하고 삶에 활력이 넘쳐나게 한다.

우리 인간은 가장 많이, 가장 강력하게 생각하는 그 모습대로 변한다. 그렇기 때문에 어떤 생각을 하느냐에 따라서 우리 인생도 달라진다. 파워 씽킹을 하면, 인생을 우리의 생각대로 만들어나갈 수 있는 창조적이고 주도적인 사람으로 거듭날 수 있게 된다. 반면에 루저 씽킹을 하는 사람이 되면, 죽은 물고기와 같이 물살에 떠밀려 생명을 연명하는 것과 다를 바 없는 생기가 없고, 무기력한 삶을 살게 되는 것이다.

'모든 것은 생각하는 그대로 된다.'

생각은 가장 강력하고 창조적인 에너지이며, 창조 그 자체이다. 이런 에너지를 가지고 있으면서도 조금도 활용하지 않는 사람들은 부산에서 서울까지 30분 만에 갈 수 있는 전용 비행기를 보유하고 있으면서도 6시간이 넘게 걸리는 버스를 타고 가는 사람과 다를 바 없다. 생각을 하면 지금 당신이 사용하고 있는 그 어떤 것들보다 10배 이상, 심지어 100배까지 더 효과적이고 강력한 에너지를 사용하게 된다.

모든 것은 생각하는 그대로 된다. 인생은 우리가 생각하는 대로 바뀐다. 그리고 더 나가서 우리의 생각이 결국 새로운 인생을 창조하고, 부와 성공을 창조하거나, 가난과 실패를 창조한다.

부와 성공과 행복을 창조할 수 있는 힘은 결국 생각에서 비롯된다. 부와 성공과 행복은 우리의 내면에서 시작된다. 그저 생각을 한다고 해서 성공과 행복을 향해 나아가기 시작하는 것은 아니다. 남과 다른, 강력하고 큰 생각을 해야, 성공과 행복을 창조할 수 있게 된다.

부자의 삶을 만들어가고 부자로 이끄는 것은 파워 씽킹이다. 최고의 삶을 살게 하는 것도 파워 씽킹이다. 그래서 파워 씽커가 하루라도 빨리 되는 것이 중요하다.

미국의 목사이자 연설가 헨리 워드 비처Henry Ward Beecher는 우리가 인생을 놓고 고민해야 할 과제를 던져주었다. 그는 신이 어떤 사람에게도 삶을 받아들일 것인지 받아들이지 않을 것인지 묻지 않는다고 했다. 삶을 살지 말지는 인간이 선택할 수 있는 문제가 아니기 때문이다. 사람은 당연히 살아야만 한다. 우리는 인생을 살아나가야 한다. 그는 "당신이 선택할 수 있는 유일한 것은 '어떻게' 살아갈 것인가이다"라고 강조했다.

그의 말처럼 이미 삶을 시작한 우리는 '살 것인가 말 것인가'를 선택할 수 없다. 우리가 선택할 수 있는 유일한 것은 '어떻게 살아갈 것인가'이다. 당신은 어떤 인생을 살아가고 싶은가? 생각 혁명을 위한 파워 씽킹을 이 질문으로 시작해보기 바란다.

성공과 부의 열쇠는 이미 우리가 쥐고 있다. 그것은 바로 담대하고 강력하고 큰 생각, 파워 씽킹이다.

부와 성공을 이루는 상위 1%의 생각 혁명

파워 씽킹

1판 1쇄 인쇄 2024년 4월 3일
1판 1쇄 발행 2024년 4월 17일

지은이 김병완
펴낸이 고병욱

기획편집1실장 윤현주 **기획편집** 김경수 한희진
마케팅 이일권 함석영 황혜리 복다은
디자인 공희 백은주
제작 김기창 **관리** 주동은 **총무** 노재경 송민진

펴낸곳 청림출판(주)
등록 제2023-000081호

본사 04799 서울시 성동구 아차산로17길 49 1009, 1010호 청림출판(주)
제2사옥 10881 경기도 파주시 회동길 173 청림아트스페이스
전화 02-546-4341 **팩스** 02-546-8053

홈페이지 www.chungrim.com
이메일 cr1@chungrim.com **인스타그램** @chungrimbooks
블로그 blog.naver.com/chungrimpub
페이스북 www.facebook.com/chungrimpub

ⓒ 김병완, 2024

ISBN 978-89-352-1455-6 03320